STARK

INTERPRETATIONSHILFE
ENGLISCH

Paul Auster

Moon Palace

Interpretiert von Hilmar Kammerer

STARK

Bildnachweis
Umschlagbild: Thomas Felkner, München
S. 1: Peter Peitsch (www.peitschphoto.com)
S. 7: Harenberg Kommunikation Verlags- und Medien GmbH & Co. KG, Dortmund 1992: City Guide New York: S. 183
S. 11: Thomas Felkner, München
S. 25: Thomas L. Maxwell, Cortez, USA
S. 41: The Brooklyn Museum of Art, New York

Dieser Band wurde nach der neuen Rechtschreibung abgefasst.

ISBN: 3-89449-508-1

D-85318 Freising · Postfach 1852 · Tel. (0 81 61) 1790

Inhalt

Autor: Hilmar Kammerer

Vorwort

Liebe Schülerin, lieber Schüler,

diese Interpretationshilfe erleichtert Ihnen den Zugang zu Paul Austers Roman *Moon Palace*. Genau auf die schulischen Anforderungen und Bedürfnisse abgestimmt hilft sie bei der Vor- und Nachbereitung der im Unterricht behandelten Aspekte, unterstützt die selbstständige Lektüre und bereitet Sie auf schriftliche oder mündliche Prüfungen vor.

Austers **Biografie** und die **Entstehungsgeschichte** seiner Werke lassen die engen Bezüge zwischen der erlebten Wirklichkeit des Autors und seinem literarischen Schaffen erkennen. Eine ausführliche **Inhaltsangabe** fördert das Verständnis des nicht immer ganz einfachen Originaltextes. Ausgehend von der Einordnung des Werkes in seinen **literarhistorischen Kontext** bietet die **Textanalyse** eine eingehende Besprechung der **Personenkonstellation** und Charakterisierung der Romanfiguren. **Zentrale Aspekte und Motive** werden in ihrer Bedeutung für die Interpretation ebenso aufgezeigt wie die **literarische Form**. Die detaillierte Analyse einzelner **Schlüsselszenen** veranschaulicht die gewonnenen Erkenntnisse an konkreten Textbeispielen. Ein kurzer Exkurs zur **Rezeptionsgeschichte** sowie kommentierte Hinweise auf **weiterführende Literatur** stellen einen Anreiz zur vertieften Beschäftigung mit *Moon Palace* dar.

Die Kernaussagen werden immer wieder aufgegriffen und in neuen Zusammenhängen dargestellt, so dass Seiteneinstiege in die verschiedenen Kapitel der Interpretationshilfe möglich sind.

Viel Spaß bei der Neuentdeckung Amerikas an der Seite und aus der Sicht von Marco Stanley Fogg.

Hilmar Kammerer

Biografie und Entstehungsgeschichte

Paul Auster wird am 3. Februar 1947 in Newark, New Jersey, als Sohn einer amerikanischen Mittelstandsfamilie geboren. Seinen Vater Samuel hat Paul Samuel Auster als permanent beschäftigt und selten anwesend in Erinnerung. Zusammen mit seinen Brüdern besitzt und verwaltet dieser in Jersey City mehrere Häuser. Ganz im Gegensatz zu seiner dreizehn Jahre jüngeren Frau Queenie Bogat, die das Geldausgeben in vollen Zügen genießt, legt der Vater Wert auf Sparsamkeit. Daran zerbricht letztlich die Ehe, obwohl die Familie nie in finanzielle Schwierigkeiten gerät. Zeiten der Entbehrungen werden Auster auf seinem weiteren Lebensweg jedoch nicht erspart bleiben. Er dokumentiert sie in seinen Essaysammlungen *The Art of Hunger* (1982), *The Red Notebook* (1995) und *Hand to Mouth: A Chronicle of Early Failure* (1997).

Das Zusammenleben mit seiner jüngeren, nervenkranken Schwester sowie die ständigen Zerwürfnisse seiner Eltern trüben Paul Austers Kindheitserinnerungen. Die Eltern verkörpern für ihn den amerikanischen Kapitalismus mit all seinen Auswirkungen auf das öffentliche und private Leben. Der junge Auster lehnt diese konsumorientierte Lebensweise ab, da er erkennt, dass weite Teile der amerikanischen Gesellschaft unter Armut und Diskriminierung leiden.

Häufig besucht Paul Auster in dieser Zeit seine Großeltern in New York, die um 1890 als jüdische Einwanderer polnischer bzw. österreichischer Abstammung in den Mittleren Westen gekommen sind. Seine jüdische Herkunft spielt jedoch weder in seinem Leben noch in seinem Werk eine entscheidende Rolle. Weltliche Erfahrungen des jungen Auster spiegeln sich hingegen deutlicher in seinem Werk wider. Sein Großvater nimmt ihn des Öfteren zu den Baseballspielen der *New York Mets* mit und weckt dadurch bleibende Begeisterung für diesen Sport. Schon in jungen Jahren findet Paul Auster Interesse an Literatur. Wegen eines mehrjährigen Europaaufenthalts stellt sein Onkel, der angesehene Übersetzer Allen Mandelbaum, mehrere Bücherkisten im Haus seiner Eltern ab. Paul liest einige der Bücher und ist fasziniert. Sein Interesse für Literatur ist geweckt.

Paul Auster besucht die *High School* in Newark. Im Laufe seines letzten Schuljahres trennen sich seine Eltern endgültig. Nach Abschluss der *High School* bricht er zu einer Europareise auf, die ihn unter anderem nach Paris, Spanien und schließlich – auf den Spuren von James Joyce – nach Dublin führt. Während seines Aufenthalts in Europa durchlebt er Phasen extremer Einsamkeit. Gleichzeitig offenbart diese Zeit die ersten Ansätze seiner späteren Karriere als Schriftsteller: Auster arbeitet an einem Roman, der jedoch nicht veröffentlicht werden sollte.

1965 beginnt Paul Auster sein Studium am *Columbia College* in New York. Im Rahmen des *Columbia's Junior Year Abroad* hält er sich zwei Jahre später erneut in Paris auf. Ungeachtet der Gefahr durch den Verlust des Studentenstatus in den Vietnamkrieg eingezogen zu werden, bricht er sein Studium bald ab. Nur der Vermittlung des verständnisvollen Dean Platt verdankt Paul, dass er bei seiner Rückkehr nach New York das Studium wieder aufnehmen kann. An den Studentenprotesten der späten Sechziger beteiligt er sich nur halbherzig und bezeichnet sich selbst als Mitläufer. Während seiner beiden letzten Studienjahre, die er

1970 mit dem M.A. *(Master of Arts)* in vergleichender Literaturwissenschaft abschließt, arbeitet Paul Auster an zwei Romanmanuskripten. Sie werden jedoch erst viele Jahre später (*In the Country of Last Things*, 1987 und *Moon Palace*, 1989) veröffentlicht. Auster verzichtet darauf, die Doktorwürde zu erlangen. Stattdessen arbeitet er vorübergehend im *United States Census Bureau*, bis er schließlich auf dem Öltanker *Esso Florence* anheuert, der zwischen South Carolina und Texas pendelt.

1971 zieht es Paul Auster wieder nach Paris. Zusammen mit seiner späteren Frau Lydia Davis kann er sich durch Übersetzungen französischer Lyrik sowie gelegentliche Veröffentlichungen eigener Gedichte in amerikanischen Zeitschriften mehr schlecht als recht über Wasser halten. So überträgt er für ein Abendessen in einem billigen vietnamesischen Restaurant die neue nordvietnamesische Verfassung aus dem Französischen ins Englische. 1974 kehren Paul Auster und Lydia Davis nach Amerika zurück und heiraten am 6. Oktober. Ihren Lebensunterhalt verdienen sie sich mit Übersetzungstätigkeiten aus dem Französischen. Daneben schreibt Paul Auster an verschiedenen Gedichtsequenzen, die er zum Teil, zusammen mit schon früher verfassten Werken, veröffentlichen kann (*Wall Writing*, verfasst 1971, *Unearth*, geschrieben 1971/72). Durch den Kauf eines viel zu teuren Hauses und die Geburt ihres Sohnes David geraten Paul und Lydia erneut in finanzielle Schwierigkeiten. Paul Auster versucht sich als Dramatiker und verfasst einige Einakter, deren Aufführung der Erfolg jedoch versagt bleibt. Die Vaterschaft bedeutet ihm sehr viel, erweist sich aber für sein schriftstellerisches Schaffen als hinderlich.

Die Ehe der Austers beginnt darunter zu leiden und wird 1979 geschieden. Fast zeitgleich führt ein weiteres persönliches Ereignis eine entscheidende Wende in Paul Austers Leben herbei – der plötzliche Tod seines Vaters. Die Gefühle über den unerwarteten Verlust des Vaters, dem er sich zu dessen Lebzeiten eher verbunden fühlte, verarbeitet Paul Auster in seinen Erinnerungen *Portrait of an Invisible Man* und *The Book of Memory*, die 1982 unter dem Titel *The Invention of Solitude* erscheinen. Die, wenngleich nicht allzu große, Erbschaft ermöglicht es ihm fortan, ausschließlich seiner schriftstellerischen Tätigkeit nachzugehen. Nach der Trennung von seiner Frau Lydia besucht Paul seinen Sohn Daniel zunächst nur an den Wochenenden. Häufig hält er sich in der nahe *Central Park* und *Columbus Circle* gelegenen Wohnung seines kranken Großvaters auf, besucht ihn später im Krankenhaus und betreut ihn bis zu seinem Tod.

Ein erneuter Kurzbesuch in Paris im Herbst 1979 veranlasst Auster, die schon vor Jahren begonnene Arbeit an der Übersetzung von Stéphane Mallarmées Lyrik und Prosaschriften abzuschließen. Eine Bestätigung seiner Fähigkeiten als einfühlsamer Übersetzer wird ihm durch Samuel Beckett zuteil, der ihn bei einer persönlichen Begegnung stark beeindruckt.

Mit Beginn der achtziger Jahre erfährt Austers Leben eine entscheidende Wende. Im Sommer 1981 heiratet er Siri Hustvedt; sie ist 1955 in Minnesota geboren und ursprünglich norwegischer Abstammung. Aus der Ehe geht die Tochter Sophie hervor. Angeregt und unterstützt durch Siri Hustvedt entwickelt sich Paul Auster vom Übersetzer und Lyriker zum Romanschriftsteller, Essayisten und in den neunziger Jahren zum Drehbuchautor und Regisseur.

Der Zufall ist auslösendes Moment für die Entstehung des Kriminalromans *City of Glass* (1985), der zusammen mit *Ghosts* (1986) und *The Locked Room* (1986) im Jahre 1987 in der New Yorker Trilogie veröffentlicht wird. Der zweimalige irrtümliche Telefonanruf eines Fremden, der sich bei Paul Auster mit einem Detektivbüro verbunden glaubt, veranlasst ihn, über die möglichen Folgen solcher Zufälle nachzudenken.

Die Verknüpfung von Fiktion mit autobiografischen Elementen ist das unverkennbare Merkmal seiner Prosakunst. Eine Vielzahl eher nebensächlicher und zufälliger Episoden, die er in *The Red Notebook* (1995), *Hand to Mouth* (1997) und *The Invention of Solitude* (1982) sowie in seinen zahlreichen Interviews beschreibt, finden sich als handlungstragende Elemente in seinen verschiedenen Romanen wieder.

Nach der vordergründig in der Tradition des Kriminalromans bzw. der *mystery story* verfassten *New York Trilogy* veröffentlicht Paul Auster 1987 mit *In the Country of Last Things* einen Roman, der aufgrund vieler fantastischer Elemente zunächst an Sciencefiction erinnert. Von Auster wird er jedoch der Gegenwart und jüngsten Vergangenheit zugeordnet. Die Protagonistin Anna Blume wird darin mit den Schrecken des Zweiten Weltkriegs und des Holocaust konfrontiert. Nach *Moon Palace* erscheint 1990 *The Music of Chance*, die Schilderung einer Pokerpartie, auf die sich vier sozial und finanziell ungleich gestellte Spielpartner einlassen. Der Roman *Leviathan* (1992), in dem die persönliche, berufliche und gesellschaftliche Entfremdung zweier Freunde, Aaron und Ben Sachs, thematisiert wird, erweist sich als Auseinandersetzung mit dem Amerika Ronald Reagans. Das zentrale Thema in *Mr. Vertigo* (1994) ist das Streben nach Vervollkommnung der eigenen Fähigkeiten. Die Suche nach dem persönlichen Paradies auf Erden bildet den Kern der Handlung in *Timbuktu* (1999).

Neben seiner schriftstellerischen Tätigkeit übernimmt Paul Auster von 1986–1990 einen Lehrauftrag an der *Princeton University* in New Jersey. Seit 1995 befasst er sich zunehmend mit der Arbeit an Spielfilmen. Eingearbeitet in das Drehbuch zu Austers erstem Film *Smoke* (1995) ist seine 1992 veröffentlichte Kurzgeschichte *Auggie Wren's Christmas Story*. Schauplatz des Geschehens ist Auggies Tabakladen in Brooklyn. Hier treffen sich die verschiedensten Typen und lassen den Betrachter teilhaben an ihren zum Teil tragischen, zum Teil komischen Lebensgeschichten, an ihren Nöten und ihren Ansichten über das Leben. Mit demselben Schauplatz und weitgehend denselben Charakteren stellt *Blue in the Face* (1995) gleichsam die Fortsetzung zu *Smoke* dar. Amerikanische Themen vor dem Hintergrund New Yorks und Anklänge an Austers Biografie bestimmen auch hier die Handlung. Für seinen bislang letzten Film, *Lulu on the Bridge* (1998) mit Vanessa Redgrave und Harvey Keitel, schreibt Auster nicht nur das Drehbuch, sondern führt zum ersten Mal auch Regie. Der Film beschreibt die von vielen Zufällen bestimmte Beziehung und Beziehungskrise zwischen einem erfolgreichen Jazz-Saxophonisten und einer aufstrebenden Schauspielerin.

Paul Auster findet als Lyriker, Essayist, Romanschriftsteller, Drehbuchautor und Regisseur inzwischen weltweite Anerkennung. Dies zeigt die Vielzahl an wissenschaftlichen Veröffentlichungen, in denen er unter anderem als Vertreter der Postmoderne, des pikaresken oder des politischen Romans, des Bildungs- oder auch des Entwicklungsromans gesehen wird. Er erhielt bereits eine Reihe bedeutender in- und ausländischer Auszeichnungen, die sein schriftstellerisches und filmisches Schaffen würdigen.

Paul Auster lebt heute mit seiner Familie in Brooklyn, New York.

Inhaltsangabe

Kapitel 1: S. 1–47

Marco Stanley Fogg blickt zurück auf 1969, das Jahr der ersten Mondlandung. Dieses markiert für ihn den Beginn eines abenteuerlichen, selbstzerstörerischen Lebensabschnitts, der gekennzeichnet ist von entscheidenden Begegnungen und fast tödlichen Niederlagen, aber auch von Chancen und Erkenntnissen, die einen völligen Neubeginn ermöglichen. Dann schweifen seine Gedanken weiter in die Vergangenheit.

1965 beginnt Marco sein Studium an der *Columbia University* in New York. Nachdem er die ersten neun Monate im Wohnheim auf dem Campus verbrachte, bezieht er eine unmöblierte Wohnung in der 112. Straße West. Aus Mangel an Geld benutzt Marco die Bücherkartons, die er von seinem Onkel als Abschiedsgeschenk bekommen hat, als Möbel. Er genießt es, auf Literatur der unterschiedlichsten Epochen zu essen und zu schlafen.

Columbia University, New York

An seine Mutter, Emily Fogg, erinnert sich Marco nur ungenau als kleine, dunkelhaarige Frau. Auch wenn sie gelegentlich heiter sein konnte, neigte sie doch häufiger zur Melancholie. Nach Emilys Tod holt deren Bruder Victor seinen elfjährigen Neffen nach Chicago und stellt für Marco acht Jahre lang den einzigen Familienersatz dar. Onkel Victor, dessen vielversprechende Karriere als Klarinettist beim *Cleveland Orchestra* an seiner Unzuverlässigkeit scheitert, kümmert sich wie ein väterlicher Freund um den jungen Marco. Angeregt durch Victors Theorien über die Bedeutung von Eigennamen sowie die Verunglimpfungen seines Namens durch Klassenkameraden kürzt Marco seinen vollen Namen Marco Stanley Fogg zu M. S. Fogg ab. Die beiden Initialen stehen im Amerikanischen auch als Abkürzung für ‚Manuskript'. Diese Deutung findet Victors uneingeschränkte Zustimmung, weil für ihn jedermann der Autor seines eigenen Lebens ist. Da Marcos Klarinettenunterricht wenig Erfolg beschieden ist, richten er und Onkel Victor ihr Interesse sehr bald auf Baseball, wobei sie einmal die *Chicago Cubs*, dann wieder die *Chicago White Sox* unterstützen.

Im März 1961 heiratet Victor die Witwe Dora Shamsky. Doras Unausgeglichenheit, ihre Trunksucht und finanzielle Unregelmäßigkeiten lassen die Ehe jedoch nach zwei Jahren scheitern. Marco geht drei Jahre auf ein Privatinternat in New Hampshire. Bei seinen Besuchen in Chicago bemerkt er den zunehmenden körperlichen und geistigen Verfall Victors. Dieser plant mit seinem Freund und Musikerkollegen Howie Dunn und dessen neu gegründeter Band *The Moon Men* eine Tournee durch den amerikanischen Westen. Marco beginnt ein Studium an der *Columbia University*, New York. Neben verschiedenen bedeutungsträchtigen Erinnerungsstücken schenkt Victor Marco seine 1492 Bände umfassende Bibliothek und seinen kaum getragenen Anzug aus schottischem Tweed. Marco trägt diesen mit Leidenschaft, was ihn zu einem Außenseiter unter seinen gänzlich anders gekleideten Kommilitonen macht.

Kurz nach Marcos zwanzigstem Geburtstag erliegt Onkel Victor einem Herzinfarkt und wird neben seinen Eltern und seiner Schwester Emily auf dem *Westlawn Cemetery* in Chicago beigesetzt. Nach Victors Tod gerät Marco in finanzielle Schwierigkeiten. Er fühlt sich jedoch seinem Onkel verpflichtet und bemüht sich, sein Studium abzuschließen. In seiner Verzweiflung wird sein Leben zunehmend von Passivität und fatalistischer Schicksalsergebenheit bestimmt. Er öffnet Victors Bücherkartons nach dem Zufallsprinzip und liest ein Buch nach dem anderen, um es anschließend zu verkaufen. So erschließt er Victors Vergangenheit und verliert dabei Schritt für Schritt seine Möbel. Vor dem Hintergrund der weltweiten studentischen Tumulte der sechziger Jahre beendet Marco im Frühjahr 1969 sein Studium. Er steckt jedoch in so großen finanziellen Schwierigkeiten, dass er schon im Laufe seines letzten Studienjahres seine Wohnung auflösen muss. Dabei verschleiert er das wahre Ausmaß seiner Existenznöte, um sich des Mitleids und der Hilfsangebote seiner Freunde zu entziehen. Am Tag der Mondlandung verkauft er sein letztes Buch. Von Hunger geplagt überkommen ihn Halluzinationen, die ihm, angeregt durch die Leuchtreklame über dem China-Restaurant *Moon Palace,* den amerikanischen Westen als schicksalsträchtiges Omen vor Augen führen.

Aufgrund seines erbärmlichen psychischen und physischen Zustands ist Marco letztendlich bereit, Hilfe anzunehmen. Er macht sich auf die Suche nach seinem Freund und Studienkollegen David Zimmer, in dessen ehemaliger Wohnung er auf eine Gruppe ausgelassen feiernder Studenten stößt. Zum Erstaunen der Gastgeber verschlingt Marco ein opulentes Frühstück und gibt, um sich dafür erkenntlich zu zeigen, eine wortreiche und recht abstruse Beschreibung von Cyrano de Bergeracs Leben zum Besten. Beim Abschied wird er völlig überraschend von Kitty Wu, einer jungen chinesischen Tanzschülerin, geküsst.

Marco ist körperlich und geistig am Ende. Seine Lebensmittelvorräte sind restlos aufgebraucht. Mit seinem letzten Geld gönnt er sich ein Essen im *Moon Palace,* ohne es jedoch genießen zu können. Seine Fähigkeit zu denken ist schon soweit eingeschränkt, dass er nur mit Mühe seine Umgebung wahrnimmt. Die Vorladung zur Musterung und die damit drohende Einberufung beunruhigen Marco weit weniger als der Gedanke, dass er der Versuchung, Victors Klarinette zu Geld zu machen, um ein Haar erlegen wäre. Da Marco die Miete nicht mehr aufbringen kann, wird er nach mehreren Räumungsaufforderungen gezwungen, seine Wohnung zu verlassen.

Kapitel 2: S. 48–71

Während der letzten Tage in seiner Wohnung hört Marco wiederholt ein leises Klopfen an der Tür, das er aufgrund seiner körperlichen und mentalen Verfassung jedoch ignoriert. Erst später erfährt er, dass Kitty ihn mit David Zimmers Hilfe ausfindig gemacht hat. Die Erkenntnis, dass es Menschen gibt, die andere vor dem drohenden Absturz bewahren möchten, lässt Marco über die Kraft der Liebe nachdenken.

Mit wenigen Habseligkeiten im Rucksack und noch weniger Geld in der Tasche verlässt Marco seine Wohnung. Eine Zehn-Dollar-Note, die er vor einer Uhrmacherwerkstatt auf der Straße findet, deutet er als gutes Omen. In seiner augenblicklichen Euphorie gönnt er sich ein ausgiebiges Frühstück in einem griechischen *Coffeeshop*, wobei er alles, selbst die Anwesenheit des Personals, in vollen Zügen genießt. Um der unerträglichen Hitze der Großstadt zu entfliehen, zieht sich Marco in einen klimatisierten Kinosaal zurück. Der Zufall will es, dass *In achtzig Tagen um die Welt* über die Leinwand flimmert, genau der Film, den er elf Jahre zuvor zusammen mit Onkel Victor in Chicago gesehen hat. Die Erinnerung daran lässt ihn in eine tiefe Melancholie verfallen, sodass er das Kino fluchtartig verlässt. Marco sucht nach einer sicheren Bleibe für die Nacht und findet sie schließlich unter einem Busch im *Central Park*.

Der Park wird für Marco zumindest zeitweise zu einem Ort der Geborgenheit, da hier sein heruntergekommenes Äußeres keinen Anstoß erregt. Er ist vielmehr erstaunt über die vielen Zuwendungen, die unbekannte Menschen ihm völlig unerwartet zuteil werden lassen. Immer öfter sieht sich Marco jedoch gezwungen, seinen unerträglich werdenden Hunger mit Lebensmittelresten aus den Mülltonnen zu stillen. Anfängliche Hemmungen, unter den Augen anderer im Müll nach Essbarem zu wühlen, überwindet er bald, indem er sich als (noch) lebenden Beweis dafür betrachtet, dass der *American Dream* nicht existiert. Neben Essensresten und halb leeren Getränkedosen findet er weggeworfene Zeitungen, die ihn über das Geschehen außerhalb des Parks informieren. Den spektakulären Abstieg der Baseballmannschaft *Chicago Cubs* sieht er als symbolhafte Parallele zu seinem eigenen Niedergang. Neben harmlosen und eher komischen Begebenheiten gerät Marco gelegentlich auch in gefährliche Situationen. Man versucht, ihm seine Klarinette zu entreißen, bedroht in mit einer zerbrochenen Bierflasche und schließlich sogar mit einer Schusswaffe.

Ein ganz normaler Tag im *Central Park*, New York

Als sich das Wetter verschlechtert, ist Marco ohne geeigneten Unterschlupf heftigen Regengüssen ausgesetzt. Und auch den Lesesaal einer öffentlichen Bibliothek muss er bald wieder verlassen, da seiner trocknenden Kleidung ein unzumutbarer Geruch entströmt. Geschwächt durch eine Grippe mit hohem Fieber glaubt Marco sich seinem Ende nahe. Er findet Schutz in einer Felsenhöhle im *Central Park*, vor der er – von Halluzinationen und absonderlichen Träumen geplagt – von Kitty Wu und David Zimmer gefunden wird.

Kapitel 3: S. 72–98

Zimmer nimmt Marco in seiner neuen Wohnung im *West Village* auf. Er pflegt und verköstigt ihn, so dass dieser sich langsam erholt. Kitty besucht ihn zweimal wöchentlich – immer nur für ein paar Minuten und ohne viel zu reden. Obwohl Marco von Zimmer erfährt, wie verzweifelt Kitty drei Wochen lang nach ihm gesucht hat, wundert er sich nicht über ihre Zurückhaltung. David hingegen macht Marco wegen seines rücksichtslosen und selbstzerstörerischen Verhaltens schwere Vorwürfe; dies bewegt ihn dazu, einen völligen Neuanfang zu wagen.

In dem vom Regen stark mitgenommenen Klarinettenkoffer stößt Marco auf das längst vergessene Schreiben der Musterungsbehörde. Er glaubt, den Termin verpasst zu haben, und sieht sich bereits als landesweit gesuchten Verbrecher. Zu seiner Erleichterung stellt er fest, dass er sich erst am nächsten Tag, dem 16. Juli 1969, der Kommission stellen muss. Doch so bleibt ihm keine Zeit, sich – wie Millionen junger Amerikaner – durch ärztliche Atteste, Drogenmissbrauch oder dergleichen auf die Musterung vorzubereiten, um als untauglich eingestuft zu werden. Er ist keinesfalls bereit, den Militärdienst anzutreten; lieber würde er eine Gefängnisstrafe verbüßen. Aufgrund seiner körperlichen und psychischen Verfassung wird er bei der Musterung jedoch für untauglich erklärt.

In den Tagen und Wochen danach erholt Marco sich zusehends. Während allabendlicher Barbesuche bei Bier und Baseballübertragungen unterhält sich Marco mit David über seine Zukunft. Dabei wirft David ihm vor, Kittys Gefühle völlig falsch zu interpretieren. Kittys plötzliche Zurückgezogenheit habe nichts mit fehlendem Interesse oder Zeitmangel zu tun, sondern sei lediglich als Ausdruck ihrer Zurückhaltung zu deuten. Bei dieser Gelegenheit erzählt David Marco Kittys Lebensgeschichte. Sie wächst als Tochter eines Kuomintang-Generals im vorrevolutionären China auf. Nach der Revolution zieht ihre Familie nach Taiwan, bis ihr Vater schließlich Botschafter in Tokio wird. Dort wird sie im amerikanischen Stil erzogen, geht auf amerikanische Schulen und erhält Ballettunterricht. Nach dem Tod ihrer Mutter schickt ihr Vater sie auf die *Fielding Academy* nach Massachusetts. Nach dem Verlust ihres Vaters entschließt sie sich, nicht nach Japan oder Taiwan zurückzukehren und schreibt sich an der *Juilliard*, New Yorks renommierter, mit der *Columbia University* organisatorisch und bis 1969 auch räumlich eng verbundener Musik- und Ballettakademie, ein. Marco glaubt in Kittys Leben Parallelen zu seiner eigenen Biografie zu erkennen.

Der Gedanke, David auf längere Zeit zur Last zu fallen, bedrückt Marco. Er weiß, dass dessen finanzielle Situation trotz eines Stipendiums angespannt ist. Um wenigstens einen kleinen Beitrag zum Lebensunterhalt zu leisten, übernimmt Marco für David die Übersetzung eines französischen Textes. Trotzdem ist Marco weiter auf die Hilfe Davids angewiesen. Marco wird immer mehr zu dessen Vertrauten. So ist er auch der erste, der Davids – in elaborierter Sprache und ausgefeiltem Stil verfasste – Gedichte zu hören bekommt und mit ihm diskutiert. Dabei verlässt David sich auf das Urteil seines Freundes. Als David im Sommer 1969 nach drei Jahren überraschend von seiner Freundin Anna Bloom verlassen wird, leidet er sehr darunter und wartet vergeblich auf eine Nachricht.

Im Oktober 1969 trifft Marco zufällig Kitty Wu wieder, die sich seit geraumer Zeit zurückgezogen hatte. Wegen der herbstlichen Kühle beschließen sie, Zimmers Wohnung aufzusuchen, wo Kitty Marco ihre Zuneigung gesteht und sie sich lieben. Marco empfindet eine tiefgreifende Veränderung, als seine selbstgewollte Einsamkeit erschüttert wird. Marco und Kitty verbindet fortan eine große Leidenschaft.

Nachdem Marco seine Übersetzung abgeschlossen hat, feiern Kitty, David und er dies mit einem Essen im *Moon Palace*. David philosophiert über die Probleme der menschlichen Existenz, während Marco seine Rückkehr ins eigentliche Leben genießt. Nach dem Essen öffnen sie ihre Glücksplätzchen; Marcos Motto lautet: „Die Sonne ist die Vergangenheit, die Erde ist die Gegenwart, der Mond ist die Zukunft."

Durch die studentische Arbeitsvermittlung der *Columbia University* stößt Marco, der sich nicht länger von Zimmer aushalten lassen will, auf ein Stellenangebot. Bei freier Unterkunft und Verpflegung sowie $ 50 Taschengeld pro Woche soll er bei einem älteren Herrn leichtere Sekretärsdienste leisten und ihn bei seinen täglichen Ausfahrten im Rollstuhl begleiten.

Kapitel 4: S. 99–162

Marco wird zu einem Einstellungsgespräch bei seinem künftigen Arbeitgeber Thomas Effing geladen. Mrs Rita Hume, seit neun Jahren Effings Haushälterin, öffnet ihm die Tür. Sie ist eine korpulente, mütterlich wirkende Frau, die sofort Marcos Sympathie gewinnt, indem sie ihn behutsam auf die erste Begegnung mit dem alten Mann vorbereitet. Thomas Effing ist 86 Jahre alt, wirkt aber viel älter. Seine Augen sind mit schwarzen Augenklappen bedeckt; er scheint blind zu sein. Sein dürrer, knochiger Körper hängt schlaff im Rollstuhl, als wäre er bereits tot. Umso mehr überrascht Marco die energische und klare Stimme Effings bei der Eröffnung des Interviews. Das Gespräch gestaltet sich seltsam, da Marco nie weiß, ob er den Aussagen des alten Mannes glauben kann. Effing gibt vor, seine körperlichen Gebrechen durch Willenskraft ausgleichen zu können. Er behauptet, den Stromausfall in New York im Herbst 1965 durch Telekinese verursacht zu haben. Marcos Andeutung, dass es sich dabei um einen Zufall handeln könne, weist Effing entschieden zurück. Für ihn gibt es keine Zufälle und nur Ignoranten glauben an diese.

Einen Tag nach dem Interview zieht Marco aus Zimmers Wohnung aus. Erst dreizehn Jahre päter, im Frühjahr 1982, wird er ihn zufällig in Manhattan wieder sehen. Dieser hat sein Leben, schon sein Äußeres deutet darauf hin, in konventionelle Bahnen gelenkt. Eine Frau und zwei Kinder, eine Buchveröffentlichung, ein Lehrauftrag an einer kalifornischen Universität und der Verzicht auf das Verfassen von Gedichten scheinen Marcos Verdacht zu erhärten.

Marco tritt seine Stelle bei Thomas Effing an. Seine Aufgabe besteht zunächst darin, Effings Einsamkeit zu beleben und aus Büchern vorzulesen. Mit seiner Unterkunft ist Marco zufrieden, obwohl sein Zimmer sehr klein und kärglich ausgestattet ist. Doch Effings Verhalten gibt ihm Rätsel auf: Er ist launisch und reagiert manchmal – je nach Gesundheitszustand und Gemütsverfassung – äußerst merkwürdig. Effing wählt die Bücher, die Marco vorlesen muss, selbst aus. Zunächst handelt es sich hierbei um Reiseberichte. Trotz seiner vermeintlichen Blindheit kann Effing den Platz eines Buchs im Regal sowie dessen Aussehen genau beschreiben. Auf Marcos Verwunderung reagiert Effing erneut mit dem Hinweis, dass man nie etwas als selbstverständlich erachten dürfe.

Effing legt größten Wert auf die Einhaltung der Essenszeiten. Marco ist entsetzt und angeekelt von den Tischmanieren des alten Mannes, die Mrs Hume mit erstaunlicher Gelassenheit erträgt, auch wenn er sie aufs Übelste beschimpft und ihr gelegentlich vorwirft, ihn vergiften zu wollen. Marco hingegen kann Effings Launenhaftigkeit nur schwer ertragen. Allein die aufmunternden Worte von Mrs Hume und die moralische Unterstützung durch Kitty, mit der er sich regelmäßig trifft, können ihn davon abhalten, sein Arbeitsverhältnis zu kündigen. Im Gegensatz dazu zeigt Effing aber auch sentimentale Züge. Er ist tief betroffen vom Tod Pavel Shumanskys, eines weißrussischen Emigranten, der dreißig Jahre lang Marcos Stelle bekleidet hat. Pavels plötzlicher Tod – er wurde von einem Auto überfahren – geht Effing sehr nahe, ebenso wie Marcos Bericht vom Unfalltod seiner Mutter.

Marcos weitere Aufgabe besteht darin, Effing im Rollstuhl durch die Straßen von Manhattan zu schieben und dabei die Umgebung zu beschreiben. Um Effing zufrieden zu stellen, muss Marco hart an seinem Sprachgebrauch arbeiten. Er lernt, Wörter so zu verwenden, dass ein Blinder sie in ein Bild umwandeln kann. Dabei erfährt er, dass es einen Ist-Zustand gar nicht gibt, da Menschen wie Dinge ständiger Veränderung unterworfen sind. Verwundert stellt Marco fest, dass Effing sich auf seinen Spaziergängen gegenüber allen Leuten, denen sie begegnen und mit denen sie sich unterhalten, wie ein Gentleman benimmt.

Effing verliert das Interesse an Reiseberichten. Von nun an muss Marco Artikel aller Rubriken aus der *New York Times* vorlesen, bis sich Effing schließlich auf Todesanzeigen und Nachrufe beschränkt. Er möchte sich mit deren Form vertraut machen, um seinen eigenen Nachruf zu verfassen. Zu seinem großen Erstaunen erfährt Marco, dass Effings Nachruf 1917 schon einmal erschienen sei. Marco wundert sich, dass Effing keinerlei Schritte zur Aufklärung dieses Sachverhalts unternommen habe, erhält auf seine Nachfrage aber keine zufriedenstellende Antwort. Effings eigentlicher Name ist Julian Barber. Als solcher galt er bis zu seinem vermeintlichen Tod als großer Maler, – der eigenen Einschätzung zufolge – als bedeutendster Künstler seiner Zeit. Da er seine Lebensgeschichte nicht erzählen kann, ohne seine wahre Identität preiszugeben, erfindet er seither die abenteuerlichsten Geschichten, um die Verkrüppelung seiner Beine zu erklären. Diese variiert er mit großer Genugtuung.

Effing geht nicht weiter auf seine eigenen Erlebnisse ein, sondern erzählt Marco die Lebensgeschichte des Malers Ralph Albert Blakelock, den er persönlich kannte. Blakelock galt vor allem als Maler des amerikanischen Westens. Dort lebte er friedlich unter Indianern und porträtierte deren Welt in seinen Bildern. Als er jedoch Millionen-Dollar-Noten mit seinem eigenen Bild malte und in Umlauf bringen wollte, wurde er für den Rest seines Lebens in eine geschlossene psychiatrische Anstalt eingewiesen. Effing beauftragt Marco, mit geschlossenen Augen und ohne ein einziges Wort zu reden, zum *Brooklyn Museum* zu fahren. Dort soll er Blakelocks Bild *Moonlight* studieren, die Details des Bildes gleichsam auswendig lernen. Marco ist von dem Gemälde tief beeinruckt, da es die verlorene Idylle des amerikanischen Westens widerspiegelt.

Am nächsten Tag wechselt Effing zu seiner eigenen Lebensgeschichte als Julian Barber über. Als Sechsundzwanzigjähriger beginnt er in Shoreham auf Long Island zu malen. Während eines Aufenthalts in Paris beschließt er zusammen mit dem jungen Topografen Edward Byrne die unvorstellbare Weite und Farbenpracht des amerikanischen Westens zu erkunden und in Bildern darzustellen. Dies ist für ihn gleichzeitig eine willkommene Gelegenheit, aus seiner unglücklichen Ehe mit Elizabeth Wheeler auszubrechen, die sich ihm, bis auf die Nacht vor seiner Abreise, sexuell verweigert. In Salt Lake stellen Barber und Byrne den ehemaligen Kavalleriesoldaten Jack Scoresby als Führer an, der nicht sehr vertrauenswürdig erscheint, aber über ausgezeichnete Ortskenntnisse verfügt. In dem unwegsamen Gelände stürzt Byrnes Pferd und beide werden schwer verletzt. Scoresby erschießt kurzerhand das Pferd und will auch Byrne töten, dem er keine Überlebenschancen einräumt. Schließlich lässt er Barber mit dem todkranken Byrne hilflos in der Felswüste zurück. Der Verwundete stirbt nach vier Tagen, ohne das Bewusstsein wiedererlangt zu haben, und wird von Barber begraben.

Kapitel 5: S. 163–227

Nach Byrnes Tod ist Julian Barber davon überzeugt, dass er mit den noch verfügbaren Lebensmittel- und Wasservorräten in der unwirtlichen Gegend keine Überlebenschancen hat. Auf keinen Fall jedoch möchte er nach Hause zurückkehren, da er befürchtet, man könne ihn für Byrnes Tod verantwortlich machen. Schließlich entdeckt er eine Höhle hoch oben im Berg. Es handelt sich um die zweckmäßig eingerichtete Behausung eines Einsiedlers, den er ermordet im Bett liegend findet. Julian Barber begräbt den Toten und beschließt, dessen Identität anzunehmen. Er führt Tagebuch, erarbeitet einen Rationierungsplan für seine Lebensmittel und beginnt wieder zu malen. Er weiß, dass nie jemand seine Bilder sehen wird, und kann sich so aller gängigen Prinzipien der konventionellen Malkunst entledigen. Als Barber alle Leinwände aufgebraucht hat, bemalt er die Rückseiten seiner Bilder, die Möbel und Wände im Inneren der Höhle und schließlich die südliche Außenwand. Letztendlich ist sein Vorrat an Malutensilien erschöpft und er beginnt zu schreiben. Im März 1917 erscheint ein alter Indianer, George Ugly Mouth, der den Einsiedler besuchen will. Da Barber eine gewisse Ähnlichkeit mit dem Ermordeten hat, schöpft George keinen Verdacht. Barber erfährt, dass der Einsiedler Tom in die verbrecherischen Machenschaften der berüchtigten drei Gresham Brüder verwickelt war. Er vermutet, dass die Räuber für den Tod des Einsiedlers verantwortlich sind und früher oder später zu der Höhle zurückkehren werden. Als dies tatsächlich eintritt, ist er bestens darauf vorbereitet und erschießt die drei Verbrecher. In den Satteltaschen der Getöteten findet er $ 20 000 und anderes Diebesgut. Julian Barber nimmt den Inhalt der Taschen an sich. In der Höhle, die er als Grab- und Gedenkstätte seiner Vergangenheit betrachtet, lässt er seine Bilder und Notizen zurück.

Mit dem Geld reist Julian Barber nach San Francisco; bei der Anmeldung im Hotel gibt er den Namen Thomas Effing an und zieht damit einen endgültigen Schlussstrich unter sein bisheriges Leben. Er legt das Geld der Greshams gewinnbringend an und wird in kürzester Zeit zu einem reichen Mann, der sich in den besten Kreisen von San Francisco bewegt. Bei der unerwarteten Begegnung mit einem ehemaligen Arbeitskollegen seines Vaters läuft Effing größte Gefahr, enttarnt zu werden. In der Folge meidet er gesellschaftliche Veranstaltungen und verbringt seine Zeit in den Bordellen und Opiumhöhlen von *Chinatown*. Auf dem Heimweg von einer dieser Orgien wird er von einem Fremden niedergeschlagen. Er stürzt auf der regennassen Straße gegen einen Laternenmast und zieht sich eine Wirbelsäulenverletzung zu, die ihn fortan an den Rollstuhl fesselt. Sein Schicksal empfindet er als kosmische Vergeltung für seine Verbrechen und fühlt sich von aller Schuld befreit. Er beschließt, nach Paris auszuwandern. Dort verbringt er zwanzig Jahre, bevor er 1939 vor den Deutschen nach Amerika, seine alte Heimat, flieht.

Wochenlang überarbeitet Marco seine Aufzeichnungen von Babers bzw. Effings Lebensgeschichte. Er entwirft drei verschiedene Fassungen: einen kurzen Nachruf für die Zeitungen, einen längeren Artikel für ein Kunstmagazin und eine vollständige Biografie. Nach Abschluss dieser Arbeiten findet Marco drei Bücher auf seinem Bett, deren Autor ein Hochschullehrer namens Solomon Barber ist. Marco vermutet, dass dieser Solomon Effings Sohn sei und Effing bestätigt, dass Solomon tatsächlich in der Nacht vor seiner Abreise in den Westen gezeugt wurde. Durch Pavel Shum ist er auf seinen Sohn gestoßen, den er aber nie gesehen hat und auch nicht sehen will. Effing möchte, dass Marco nach seinem Tod, den er für den 12. Mai 1970 voraussagt, die Biografie sowie den größten Teil seiner Hinterlassenschaft an seinen Sohn und einzigen Nachkommen weiterleitet.

Zu Marcos Verwunderung und Mrs Humes Entsetzen hebt Effing $ 20 000 in Fünfzigdollarnoten von seinem Bankkonto ab. Es ist die Summe, die er den Gresham Brüdern einst in Utah abgenommen hat und die er jetzt zurückgeben will. In den folgenden Tagen verteilen Marco und Effing die Banknoten in verschiedenen Stadtteilen an Arme und Behinderte. Dabei begegnen sie eines Abends Orlando, einem schwarzen Komödianten, der bei wolkenlosem Himmel unter dem Gerippe eines Regenschirms durch die Straßen spaziert, als würde es in Strömen regnen. Er lädt Effing und Marco ein, unter seinem Schirm Schutz zu suchen. Marcos Überraschung ist groß, als Effing das Spiel mit dem größten Vergnügen mitmacht. Zum Abschied schenkt Orlando Effing den Zauberschirm. Er verlässt die beiden mit der Bemerkung, dass sie der magische Schirm an einem regnerischen Tag vor dem Unwetter beschützen solle.

Am nächsten Abend geraten Marco und Effing in ein schweres Gewitter. Effing öffnet den magischen Schirm, den er ohne Marcos Wissen mit seinem intakten Schirm vertauscht hat, und setzt sich dem Regen aus. Marco erkennt Effings Absicht, mithilfe einer Lungenentzündung seinen vorhergesagten Todestag einhalten zu können. Effings Rechnung geht auf. Er stirbt am 12. Mai, zwei Minuten nach Mitternacht. Marco versucht Effings Sohn Solomon zu erreichen. Letztendlich erfährt er, dass dieser sich noch bis August in Europa aufhalten wird, und schickt ihm die Biografie seines Vaters. Mit siebentausend Dollar, die er von Effing geerbt hat, verlässt Marco schließlich die Wohnung.

Kapitel 6: S. 228–282

Mit dem geerbten Geld richten Marco und Kitty sich eine Wohnung in einem ehemaligen Lagerhaus in *Chinatown* ein. Marco führt den Haushalt, während Kitty einen Job bei einer Zeitungsagentur annimmt. Abends absolviert sie ihre täglichen Tanzübungen. Effings Nachruf und seine Lebensgeschichte werden nicht veröffentlicht, da die Verleger noch nie etwas von einem Maler namens Julian Barber gehört haben und erfahren wollen, wo dessen Werke ausgestellt sind. Marco verzichtet darauf, sie aufzuspüren, da er befürchtet, seine Vorstellung von den Bildern könne durch die Wirklichkeit getrübt werden. Stattdessen versucht er sich als Schriftsteller. Während er seine Erfahrungen verarbeitet, beschleicht ihn das Gefühl, seine eigene Biografie zu schreiben.

Im Oktober 1970 trifft sich Marco in New York zum ersten Mal mit Solomon Barber, dem äußerst beleibten und kahlköpfigen Sohn Effings. Nach und nach erfährt Marco dessen Lebensgeschichte. Schon als Schüler wird Solomon wegen seiner Körperfülle gehänselt und vertieft sich deswegen ganz in das Studium von Büchern. Schule und Studium schließt er mit glänzenden Ergebnissen ab. Als junger Geschichtsprofessor verbringt er eine Liebesnacht mit einer Studentin – Emily Fogg, Marcos Mutter. Die beiden werden in flagranti ertappt. Barber verliert seine Dozentenstelle, Emily schlägt seinen Heiratsantrag aus und verlässt ihn. (Über die Identität der Studentin wird Marco aber im Unklaren gelassen.) Erst dreizehn Jahre später, als sie bereits verstorben ist, findet Solomon ihre Spur wieder. Zunächst denkt er an Selbstmord, entscheidet sich dann aber dagegen. Stattdessen beginnt er Unmengen zu essen und an Gewicht zuzulegen, um sich hinter der Masse seines eigenen Fleisches zu verbergen. Er lehrt an verschiedenen zweitrangigen Universitäten. Zugang zu renommierten Hochschulen findet er nicht, weil er nicht in deren Erscheinungsbild passt.

Dreimal – so kann Marco später rückschließen – müssen sich Solomons und Onkel Victors Wege gekreuzt haben, ohne dass es zu einem persönlichen Kontakt gekommen ist. Dabei ist die letzte Begegnung im Jahre 1959 von besonderer Bedeutung. Victor bietet in Saint Paul, Minnesota, Klarinettenunterricht an. Da ihn der Name Fogg an seine verhängnisvolle Beziehung zu

Emily erinnert, antwortet Solomon auf die Annonce und erfährt die Umstände ihres Todes. Victor ahnt, dass Solomon Marcos Vater sein könne und kehrt mit seinem Neffen fluchtartig nach Chicago zurück.

Als Kind erfährt Solomon die unterschiedlichsten Versionen zum Tod seines Vaters. Seine Mutter lebt zurückgezogen im vierten Stockwerk des Hauses; nur gelegentlich kann er sie besuchen. Sie ist geisteskrank und muss von Zeit zu Zeit in eine psychiatrische Heilanstalt eingeliefert werden. Das Haus ist voll mit Bildern seines Vaters, Blakelocks und anderer Maler. Der Börsenkrach von 1929 zwingt die Familie, auf bestimmte Annehmlichkeiten des Lebens zu verzichten und auch einen Teil der Kunstsammlung zu veräußern.

Im Alter von siebzehn Jahren schreibt Solomon Barber einen Roman, *Keplers Blood*, in dem er versucht das Verschwinden seines Vaters zu bewältigen. Das Jugendwerk enthält eine Fülle von unrealistischen und traumhaften Elementen. Marco stößt in dem Roman auf ein Wechselspiel von Schuldgefühlen des jungen Autors und dessen Verlangen, die eigene Vergangenheit zusammen mit der Geschichte Amerikas aufzuarbeiten.

Nach dem Tod seiner Mutter im Frühjahr 1939 schenkt Solomon das Elternhaus seiner Tante Clara mit der Auflage, es nach ihrem Tod an die schwarze Haushälterin Hattie Newcombe zu vererben. Obwohl Hattie Claras einzige Freundin ist, erscheint der Gedanke an eine Farbige als Hausbesitzerin für Clara zunächst unvorstellbar. Nur widerstrebend erzählt Clara bei dieser Gelegenheit, dass Solomons Mutter mit aller Gewalt versucht habe, seine Geburt zu verhindern, und dass sie nach der Niederkunft auf die geistige Ebene eines Kindes zurückgefallen sei.

Beim Abschied nach ihrer ersten Begegnung in New York deutet Solomon an, dass zwischen ihm und Marco eine Verbindung bestehe. Er hat bereits erkannt, dass Marco sein Sohn ist, während Marco in ihm nur einen Freund sieht. Vier Monate später kommt Barber wieder nach New York. Er hat sich von der Universität beurlauben lassen, um ein Buch über Thomas Harriot fertigzustellen, an dem er seit drei Jahren arbeitet. Er lebt von den $ 46 000 die er von Effing geerbt hat. Solomon plant, zusammen mit Marco und Kitty, Effings Höhle in Utah aufzuspüren. An die Verwirklichung dieses Vorhabens kann Marco nicht so recht glauben, da Solomons Körperfülle einem derart anstrengenden Unternehmen im Wege steht.

Kitty ist schwanger und möchte das Kind abtreiben, da sie sich noch zu jung fühlt und ihre Karriere als Tänzerin nicht gefährden möchte. Nach langen Diskussionen stimmt Marco dem Eingriff zu. Die Beziehung der beiden ist dadurch aber so stark belastet, dass Marco Kitty trotz aller Liebe verlässt.

Kapitel 7: S. 283–307

Marco zieht zu Solomon Barber und nimmt eine Beschäftigung als Möbelpacker an. Er leidet unter der Trennung von Kitty, die zu einem Teil seines eigenen Ichs geworden ist. Er kann sich aber nicht überwinden, Kitty anzurufen. Auch Barbers Vermittlungsversuche scheitern, da er den Grund der Trennung nie erfährt.

Um der Sommerhitze New Yorks zu entfliehen, überredet Barber Marco dazu, jetzt die Suche nach Effings Höhle in Utah in Angriff zu nehmen. Barber erwirbt einen Gebrauchtwagen, einen roten Pontiac, da die Typenbezeichnung an einen bedeutenden Indianerhäuptling erinnert. Ihre Fahrt in den Westen sehen Solomon und Marco als Huldigung an die vielen indianischen Stammeskrieger, die im Kampf um ihr Land ihr Leben verloren haben. Sie beschließen einen Umweg über Chicago, um dort die Gräber von Marcos Mutter und Onkel zu besuchen. Für Solomon bietet sich die Gelegenheit, Marco die Bilder seines Vaters zu zeigen. An Emily Foggs Grab bricht Solomon in haltloses Schluchzen aus. Marco wird plötzlich bewusst, dass Solomon sein Vater und Effing sein Großvater ist. Er macht ihm heftige Vorwürfe. Solomon tritt einige Schritte zurück und fällt in ein offenes Grab, aus dem er wegen seiner Körperfülle nur mit Hilfe eines Krans wieder herauskommt. Er ist ernsthaft verletzt und muss acht Wochen im Gipsbett liegen. Marco fällt es zunächst sehr schwer, Solomon als seinen Vater anzuerkennen. Als dieser jedoch rasch an Gewicht verliert und auch seine Haare wieder zu wachsen beginnen, glaubt er in seinem eingefallenen Gesicht zunächst Thomas Effing und schließlich sich selbst zu erkennen.

Ende August 1971 gibt Solomon Marco zu verstehen, dass er bald sterben werde. Marco versetzt die Ankündigung in eine Art Trancezustand. Innerlich gibt er jegliche Hoffnung auf, nach außen hin bemüht er sich, gelassen zu bleiben. Doch ein ganz banaler Vorfall führt seinen Zusammenbruch herbei. In einem Restaurant bestellt er Hühnerfrikassee, ein Gericht das er seit dem Tod seiner Mutter nicht mehr gegessen hat. Als die Kellnerin ihm mitteilt, dass Frikassee ausgegangen sei, bricht seine Welt wie ein Kartenhaus in sich zusammen.

Barber stirbt am 4. September. Noch in der Nacht ruft Marco Kitty an, um ihr Barbers Tod mitzuteilen und ihr zu sagen, dass er zu ihr zurückkehren möchte. Kitty lehnt dies ab, da sie eine solche Enttäuschung nicht noch einmal erleben will. Marco beerdigt Solomon neben seiner Mutter – in dem Grab, das eigentlich für ihn bestimmt ist. Nachdem er sein Motelzimmer ohne ersichtlichen Grund demoliert hat, macht er sich in dem roten Pontiac und mit über dreizehntausend Dollar aus der Erbschaft seines Vaters auf den Weg nach Westen. Er hat jetzt eine Bestimmung und nicht mehr das Gefühl, vor etwas wegzulaufen.

Bei einem Besuch der Felsruinen in der Mesa Verde wird Marco die Weite des Raumes in Amerika bewusst und er kann Effings Begeisterung für diese Gegend nachempfinden. Doch die Höhle seines Großvaters in Utah kann er nicht mehr finden. Sie ist vom *Lake Powell* überflutet. Im Motorboot kreuzt er auf dem

Stausee und denkt über seine weiteren Pläne nach. Die Entscheidung wird ihm abgenommen. Bei seiner Rückkehr ans Ufer stellt er fest, dass der Pontiac mit dem größten Teil seines Bargeldes verschwunden ist. Marco deutet dies als Schlag des Schicksals, der ihn endgültig zerstören soll. Monatelang geht er zu Fuß Richtung Westen, bis er schließlich in *Laguna Beach* die Pazifikküste erreicht. Dort sieht er den aufgehenden Mond und spürt, dass er am Anfang seines neuen Lebens steht.

Felsenhöhle in der *Mesa Verde*

Textanalyse und Interpretation

1 Literarische Einordnung

Die literarische Einordnung von *Moon Palace* erweist sich als äußerst schwierig. Die inhaltlichen und strukturellen Prinzipien des traditionellen Romans sind durchaus noch erkennbar und legen nahe, das Werk dem Realismus zuzuordnen. Innerhalb der verschiedenen Geschichten in der Geschichte *(stories within the story, Chinese boxes)* sind die Handlungsabläufe chronologisch geordnet und folgen dem Prinzip der Kausalität, d.h. sie bauen logisch aufeinander auf. Im Ganzen herrscht jedoch Chaos. Zufälle bestimmen die Handlung, die sich dadurch der chronologischen Darstellung verweigert *(nonchronological narrative)*. Inhaltlich scheint *Moon Palace* zunächst an thematische Muster des Entwicklungs- oder Bildungsromans *(story of initiation)* anzuknüpfen. Der junge Mensch sucht und findet Eingang in die Gesellschaft, mit der er sich kritisch auseinandersetzt.

In *Moon Palace* ist die Grenze zwischen gehobener und Trivialliteratur fließend. Effings Schilderung seiner Abenteuer im Westen lassen auf den Abenteuerroman in seiner bekanntesten Form, dem Western, schließen. Die vorüberrauschenden Landschaften von Pennsylvania, Ohio, Indiana und Illinois auf Marcos und Solomons Fahrt Richtung Westen erinnern an die farbigen Bilder eines *road movie.* Konkrete Handlungsabläufe in realer Umgebung werden abgelöst durch Elemente der Sciencefiction in *Kepler's Blood.*

Inhaltlich wie strukturell kann *Moon Palace* der Postmoderne *(post-modernism)* zugeordnet werden. Diese Stilrichtung der Architektur, darstellenden Kunst und Literatur entwickelte sich in den siebziger und vor allem achtziger Jahren als Reaktion auf die Moderne mit ihren einfachen Formen und künstlichen Materialien. Charakteristisch ist dabei die ungewöhnliche Mischung aus herkömmlichen und neuen Ausdrucksmitteln. Als die wichtigsten Merkmale der Postmoderne in *Moon Palace* gelten

- die Auflösung traditioneller literarischer Formen, z. B. der Verzicht auf das Kausalitätsprinzip und die Chronologie der Ereignisse,
- die Vermischung *(hybridization)* verschiedener Genres und Textsorten, die Verwobenheit von Kunst und Realität,
- die Metafiktion *(metafiction)*, d. h. das Thematisieren des literarischen Entstehungsprozesses an sich (Der Roman ist Foggs Autobiografie, deren Schaffung er in *Moon Palace* nachvollzieht.),
- die Intertextualität *(intertextuality)*, d. h. die mitunter wörtliche Übernahme von Textstellen aus anderen fiktionalen und nicht-fiktionalen Veröffentlichungen,
- die zyklische Erzählweise *(cyclical narrative)*, die bestimmte Themen, Motive, Figurenkonstellationen und Handlungsabläufe immer wieder aufgreift (Vatersuche, Reise in den Westen, Reichtum durch Erbschaften),
- das Einbinden von in sich geschlossenen Geschichten *(stories within the story)* in den Gesamtzusammenhang des literarischen Werkes,
- die Fragmentarisierung *(fragmentarization)* von Episoden und Handlungsabläufen, wobei es Aufgabe des Lesers bleibt, die Fragmente zu einer Gesamtschau zu ordnen,
- die kritische Hinterfragung gesellschaftlicher Normen und Institutionen,
- die Berücksichtigung von gesellschaftlichen Randgruppen,
- die Zerstörung des Ich als Vorbedingung für die Identitätssuche und Identitätsfindung,
- die Unzuverlässigkeit des Erzählers *(unreliability)*.

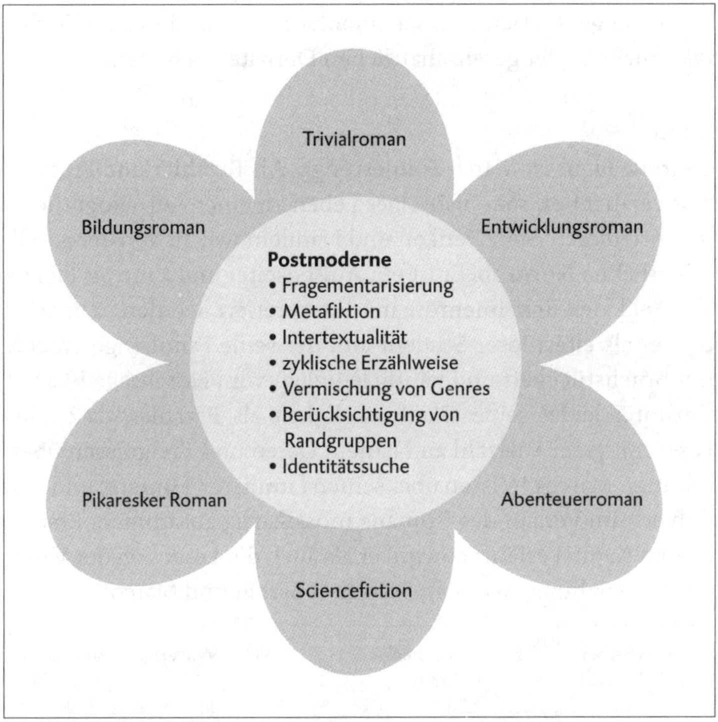

Moon Palace – ein postmoderner Roman mit traditionellen Elementen

2 Personenkonstellation und Charakterisierung

Eine Fülle von Personen begegnet uns in *Moon Palace*. Sie sind zum Teil fiktiv, zum Teil historisch belegt. Sie werden lediglich namentlich erwähnt oder treten untereinander in Beziehung – einmal oder mehrfach, länger anhaltend oder nur extrem kurzzeitig. Die tragenden Rollen in *Moon Palace* werden im Wesentlichen von männlichen Charakteren gespielt. Frauengestalten treten häufig nur mittelbar in Rückblenden auf. Ihre Darstellung bleibt, sowohl was ihr äußeres Erscheinungsbild als auch ihr

Wesen angeht, flach und schemenhaft. Häufig sind sie mit charakterlichen oder gesellschaftlichen Defiziten behaftet.

Marco

Zentrale Figur ist Marco Stanley Fogg. Als Erzähler und Protagonist versucht er, sein bisheriges Leben zu einer Autobiografie zu rekonstruieren. Sein Denken und Handeln weicht von der gesellschaftlichen Norm ab. Er ist ein Außenseiter und kann als Pikaro, als Held des Schelmenromans interpretiert werden. Zunächst tritt er als elternloser Student auf, der seine Familiengeschichte nur bruchstückhaft und häufig lediglich vom Hörensagen kennt. Darunter leidet seine Glaubwürdigkeit als Erzähler, da er den Leser mit einer Vielzahl an Namen, Daten und Ereignissen überschüttet. Marcos Wissen über seinen familiären Hintergrund fügt sich erst im Verlauf des Romans mosaikartig zusammen. Erst im letzten Kapitel erfährt sowohl er als auch der Leser von der Vater-Sohn-Beziehung zwischen Solomon Barber und Marco.

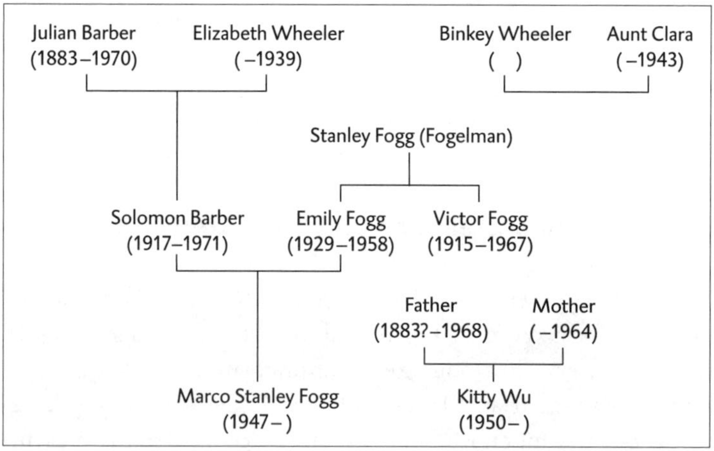

Die Figuren in Moon Palace

Marco durchlebt zunächst eine Identitätskrise, da er sich ohne den Halt einer Familie einsam und entwurzelt fühlt. Die Suche nach seiner neuen Identität *(quest for identity)* ist das zentrale Thema des Romans, wird jedoch erst zum Schluss mit Erfolg gekrönt. Marcos Identifizierung mit Thomas Effing, seinem Großvater, gelingt erst nach dessen und kurz vor Solomons Tod.

Gegen Ende seiner Studienjahre lebt Marco am Rande des Existenzminimums. Schließlich muss er sogar hungern und wird obdachlos. Dies nimmt er zum Teil bewusst in Kauf, da er zu stolz ist, um finanzielle Hilfe in Form von Stipendien oder anderen Hilfsprogrammen anzunehmen. Stolz und Scham sind es auch, die es ihm unmöglich machen, Hilfe von Freunden bzw. Studienkollegen zu erbitten. Er geht sogar so weit, seine verzweifelte Situation vor ihnen geheim zu halten. Dies liegt in seiner selbst gemachten und gewollten Einsamkeit begründet. Er möchte nicht, dass ihm jemand zu nahe kommt, da er zu diesem Zeitpunkt unfähig ist, enge Beziehungen einzugehen. Zwar schließt Marco sein Studium erfolgreich ab, doch kann man nicht behaupten, er stünde mit beiden Beinen im Leben. Im Gegenteil, verschiedene Anlässe führen dem Leser vor Augen, dass Marcos Verhältnis zur Realität getrübt ist und er sich – wie sein Onkel – in Tagträume flüchtet.

Die Personenkonstellation wird durch Zweierbeziehungen zwischen Marco und einer weiteren Person bestimmt, wobei die Nebenfiguren untereinander kaum in Beziehung treten. Da Marco als Erzähler keineswegs allwissend *(omniscient narrator)* ist, sondern in seinen Einschätzungen eher unzuverlässig *(unreliable narrator)*, wird dem Leser der Einblick in deren Denken und Fühlen verwehrt. Selbst Marco bleibt in vielen Facetten seines Wesens verschlossen. Für ihn stellen diese Zweierbeziehungen Meilensteine auf seinem Weg der Ich-Findung dar. Dieser hätte – so bedauert Marco – kürzer und direkter sein können:

It was all a matter of missed connections, bad timing, blundering in the dark. We were always in the right place at the wrong time, the wrong place at the right time, always just missing each other, always just a few inches from figuring the whole thing out. That's what the story boils down to, I think. A series of lost chances. All the pieces were there from the beginning, but no one knew how to put them together. (S. 249)

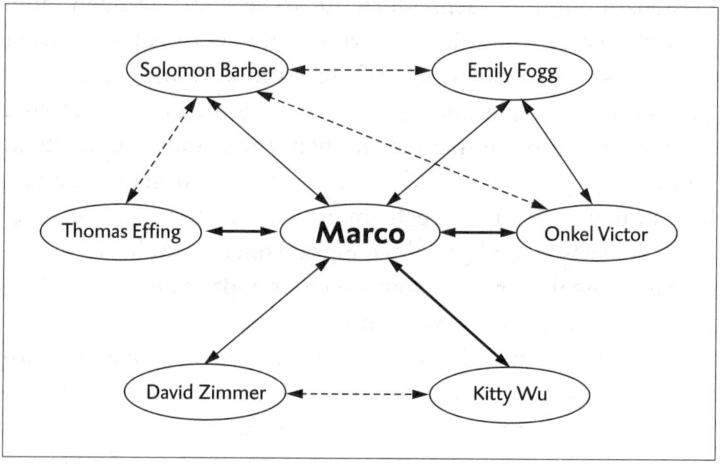

Marco – die zentrale Figur in *Moon Palace*

Marco hat zeitlebens unter seiner Vaterlosigkeit gelitten. Als er schließlich in Solomon Barber seinen Vater erkennt, bricht eine Flut von Erinnerungen über ihn herein, die tiefe Emotionen hervorrufen. Fragmentarische, bisher zusammenhangslos erscheinende Begegnungen, Beziehungen und Ereignisse fügen sich zu einem Mosaik zusammen, in dem Marco seine familiären Wurzeln zu sehen glaubt:

For twenty-four years, I had lived with an unanswerable question, and little by little I had come to embrace that enigma as the central fact about myself. My origins were a mystery, and I would never know where I had come from. (...) No matter how hard I might have dreamed of finding my father, I had never thought it would be possible. Now that I had found him, the inner disruption was so great that my first impulse was to deny it. (S. 295)

Onkel Victor

Onkel Victor ist ein begabter Klarinettist. Durch seine ausgeprägte Unzuverlässigkeit verläuft jedoch sowohl seine Karriere als auch sein Privatleben eher glücklos. Er ist ein Träumer, der mit den banalen, bisweilen starren Ansprüchen der Realität nur schlecht zurechtkommt. Große Ansprüche stellt er ohnehin nicht. Er akzeptiert, was das Leben aus ihm gemacht hat und versucht, Veränderungen weitestgehend zu vermeiden. Die Verpflichtungen gegenüber seinem elternlosen Neffen nimmt er hingegen sehr ernst. Er liebt Marco wie sein eigenes Kind und heiratet sogar, um ihm eine Mutter zu bieten. Die Ehe ist jedoch nur von kurzer Dauer, da Dora Shamskys zwiespältiges Wesen Victor zuwider ist und er sich ihr gegenüber nicht durchsetzen kann. Ihre finanzielle und eheliche Untreue führen zum endgültigen Scheitern der Ehe. Danach verfällt Onkel Victor zusehends.

Victor informiert Marco – soweit ihm dies möglich ist und angemessen scheint – über dessen Familiengeschichte. Er sichert Marcos schulische Ausbildung und gibt letztlich auch den Anstoß zu Marcos Identitätsfindung und zur Abfassung seiner Biografie. Die amerikanische Wertevorstellung, die Marco während seiner Studienzeit infrage stellt, ist auf Victors frühen Einfluss zurückzuführen. Ebenso sind Baseball und Fernsehen, Reisen in den Westen sowie Kunst, Literatur und Musik Interessen, die Onkel Victor Marco vorlebt. Von der Konformität abweichend, machen Victors Geschenke, wie etwa der ungewöhnliche Anzug, Marco zum Außenseiter. Marcos Umgang mit den Bücherkisten und Büchern selbst sowie die Tatsache, dass er die Klarinette –

obwohl er sie nicht spielen kann – ständig mit sich herumträgt, zeugen von einer tiefen emotionalen Verbundenheit mit Victor.

Marco gerät in einen Zwiespalt der Gefühle, als er erkennen muss, dass Victor durch die überstürzte Abreise aus Saint Paul und die Flucht nach Chicago das Zusammentreffen mit seinem leiblichen Vater, Solomon Barber, verhindert hat. Er erkennt einerseits, wie viel er Victor bedeutet haben muss, wenn dieser – völlig atypisch für sein Wesen – sich zu solch einer Unredlichkeit verleiten ließ. Andererseits bedauert er, dass seine Vaterlosigkeit schon über ein Jahrzehnt früher hätte beendet werden können. Der Tod seines Onkels bedeutet für Marco gleichzeitig den Verlust seiner eigenen Vergangenheit und leitet schließlich die Auflösung seiner Identität ein:

> *Each time I ventured into my uncle's past, it produced a physical result, an effect in the real world. (…) I could follow the progress of my own dismemberment. Piece by piece, I could watch myself disappear.* (S. 24)

Thomas Effing

Zwiespältig wie sein Charakter ist auch Thomas Effings Verhältnis zu Marco, zu Mrs Hume und seiner Umgebung allgemein. Seine Person ist von Geheimnissen umgeben, die er nur widerstrebend und in verschiedenen Versionen offen legt, wie zum Beispiel die Umstände, die dazu führten, dass er an den Rollstuhl gefesselt ist. Auch seine Blindheit wird weder bestätigt noch erklärt. Effing bereitet es sichtlich Vergnügen, Marco über seinen tatsächlichen Gesundheitszustand im Unklaren zu lassen ("Just remember, Fogg," he continued, "never take anything for granted. Especially when you're dealing with a person like me." S. 111).

Einerseits zeigt sich Effing unhöflich, autoritär, abstoßend und distanziert, durch Augenklappen, dunkle Brillen und dicke Kleidungsstücke von seinem Umfeld abgeschirmt. Jeder Versuch einer visuellen oder verbalen Kontaktaufnahme wird von dem behinderten alten Mann blockiert (… and I found myself alone with Effing, waiting for him to break the silence. S. 101). Im Gegensatz zu seiner Gehbehinderung wird Effings Blindheit und der Grad ihrer Ausprägung für Marco nie zweifelsfrei geklärt. Die unterschiedlichen Augenabdeckungen von Effing variieren den Grad seiner Abschottung gegenüber Marco und der Umwelt. Effings gewaltige Stimmkraft, die endlich die Mauer des Schweigens durchbricht, ist für Marco überwältigend und lässt das sich anbahnende Gespräch weitgehend eindimensional erscheinen. Effings Lebensphilosophie manifestiert sich in einigen kategorischen Feststellungen:

> *My relationship with you will be composed of words, (…); There are no coincidences. That word is used only by ignorant people. (…) Anything is possible. It could be that you and I are figments, that we're not really here. Yes, I'm willing to accept that as a possibility. (…) There's a hidden purpose to everything I do, and it's not for you to judge.* (S. 104 /105)

Andererseits kann Effing mitfühlend, sentimental, fürsorglich und großzügig sein. So ist er über Emilys und Pavels Unfalltod tief betroffen, unterstützt den verarmten Maler Blakelock, macht sich Gedanken über Marcos Zukunft, lässt sich von Orlandos Fantasien mitreißen und berücksichtigt Mrs Hume und Marco in seinem Testament. Dies führt dazu, dass Marco sein Gegenüber nur schlecht einschätzen kann:

> *If he was difficult, it was largely because he was not difficult all the time, and for that reason he managed to keep one in a constant state of disequilibrium.* (S. 117)

Schon bei der ersten Begegnung gelingt es Marco offensichtlich, den alten Mann für sich einzunehmen. Marcos Stimme ruft in seinem Gegenüber Erinnerungen wach an eine von ihm sehr geschätzte Person (Pavel Shumansky? Edward Byrne?), deren Identität er jedoch nicht preisgeben will. Außerdem kann Marco

Effing durch die Schlagfertigkeit beeindrucken, mit der er auf dessen ungewöhnliche Fragen reagiert. Trotzdem dauert es lange, bis Marco sich und Effing als verwandte Seelen *(kindred spirits)* erkennen und den alten Mann schätzen lernen kann.

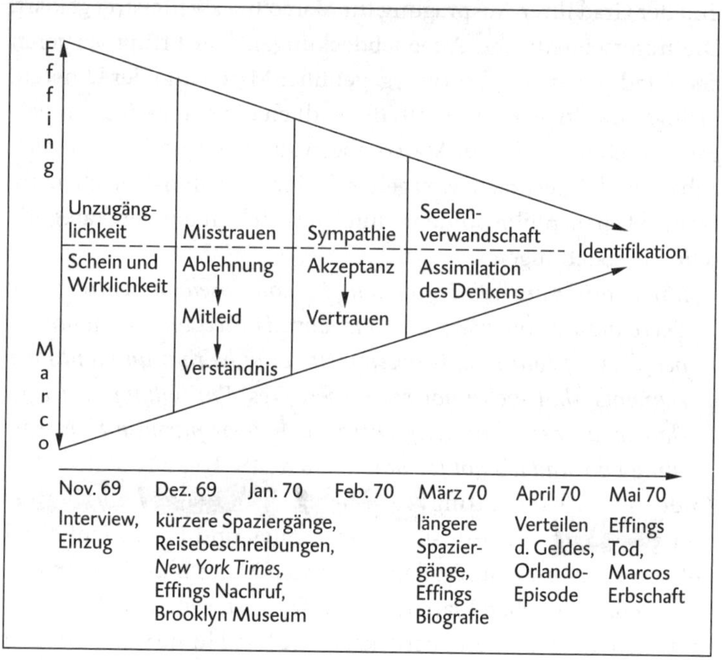

Der Wandel in der Beziehung von Marco und Thomas Effing

Solomon

Solomons Identitäts- und Lebenskrise als Jugendlicher verläuft ähnlich wie bei Marco. Auch er wächst zunächst vaterlos auf. Die genaueren Umstände seiner Geburt werden ihm lange Zeit vorenthalten und seine fortan psychisch kranke Mutter kann ihm keine familiäre Bindung bieten. Solomon versucht die unerklärliche Abwesenheit seines Vaters als Siebzehnjähriger in seinem obskuren Roman *Kepler's Blood* zu verarbeiten.

Schon als Jugendlicher erreicht er eine Leibesfülle, die ihn aufdringlichen Blicken und dem ständigen Spott seiner Mitschüler aussetzt. Er leidet unter dieser Situation und erkennt deren Ausweglosigkeit. Nach der unglücklich verlaufenden Liebesaffäre mit Emily Fogg denkt er zunächst an Selbstmord, entscheidet sich dann aber dafür, sich durch eine immense Leibesfülle von der feindlichen Aussenwelt abzuschirmen. Die Ironie des Schicksals will es, dass ihm dies letztlich zum Verhängnis wird. Dem begabten Historiker, der die Anfänge der Geschichte Amerikas erfolgreich erforscht und dokumentiert hat, bleibt es so versagt, die eigene Vergangenheit zu ergründen. Obwohl Barber Emily liebt und jahrelang gesucht hat, gibt er sich Marco erst an deren Grab zu erkennen. Dies kann als Reaktion auf die nicht vorhandene Akzeptanz durch seine Mutter und die Ablehnung seines Heiratsantrags durch Emily Fogg gedeutet werden. Er hat Angst davor, erneut abgewiesen zu werden.

Im Gegensatz zu Zimmer, der eine geradlinige, aber durchschnittliche amerikanische Akademikerkarriere durchläuft, erweist sich Barber als genialer Forscher, Lehrer und Autor, der jedoch aufgrund seiner äußeren Erscheinung und seiner Lebensumstände ins berufliche Abseits gerät.

Kitty Wu

Kitty Wu ist die einzige Frauengestalt, die in *Moon Palace* eine tragende und positive Rolle spielt. Alle anderen weiblichen Charaktere treten nur am Rande in Erscheinung und sind meist mit charakterlichen Schwächen behaftet oder gesellschaftlich isoliert. Insofern nimmt Kitty eine besondere Stellung ein und verkörpert das Ideal der Frau und Mutter. Letzteres zerstört sie jedoch durch ihre Abtreibung. Kitty ist selbstbewusst und arbeitet zielstrebig an ihrer Karriere als Tänzerin. Im Gegensatz zu vielen anderen jungen Frauen ist sie nicht bereit, diese für ein Dasein als Mutter zu opfern. Auch Kitty ist elternlos, kennt aber ihre

Familiengeschichte. Es ist daher nur verständlich, dass sie Marco schon bei der ersten Begegnung ein Gefühl der Geborgenheit und Nähe vermittelt:

> *I became increasingly aware of how good it felt to be sitting next to my long-lost twin.* (S. 37)

Für Marco wird Kitty, bis es zum endgültigen Bruch kommt, zu einem ruhenden Pol bei seiner unsteten, bisweilen desorientierten Identitätsfindung. Er schätzt sie als einfühlsame Gesprächspartnerin, die ihn dazu bewegt, aus seiner selbstgewollten Isolation herauszutreten. Gleichzeitig wirken Kitty und ihre Umgebung verwirrend auf Marco. Zwar meint er in ihrer gemeinsamen Wohnung in *Chinatown* endlich das verheißene Land (... I had found my Canaan, my promised land. S. 228) gefunden zu haben, muss aber bald erkennen, dass er sich mit seinem dortigen Umfeld (noch) nicht identifizieren kann und erneut ein Außenseiter bleibt:

> *Chinatown was like a foreign country to me, and each time I walked out into the streets, I was overwhelmed by a sense of dislocation and confusion.* (...) *I had traveled halfway around the world to get where I was, and it stood to reason that nothing should be familiar to me anymore, not even myself.* (S. 230)

Kitty, die einerseits Marco auf dem tiefsten Punkt seiner Krise aufgefangen und gerettet hat, verwirkt andererseits durch die Abtreibung das, was im Prozess seiner Vatersuche und Identitätsfindung von entscheidender Bedeutung gewesen wäre – seine eigene Vaterschaft. Bald darauf bereut sie jedoch ihren Schritt, weil sie Marcos Trauer, Wut und Verletztheit erkennt. Sie leidet sehr unter dem Abbruch der Beziehung durch Marco. Schließlich macht sie sich jedoch die vorwurfsvolle Härte zu eigen, die er ihr gegenüber nach der Abtreibung zeigt, und entscheidet sich endgültig gegen ein erneutes Zusammenleben mit ihm.

3 Zentrale Aspekte und Motive

Der Mond

Der unbefangene Leser wird kaum in der Lage sein, aus dem Titel *Moon Palace* Rückschlüsse auf den Inhalt zu ziehen. Der erste Satz des Romans (It was the summer that men first walked on the moon. S. 1) greift das Thema Mond auf und gibt zumindest einen Zeitrahmen des Geschehens vor. Im weiteren Verlauf steht der Mond als Symbol für das Erreichen der westwärtigen Grenze, der *last frontier*[1], für die letztendliche Erfüllung und Verwirklichung des *Manifest Destiny*[2], für den technologischen Fortschrittsglauben Amerikas, für menschliche Sehnsüchte und den Zukunftsglauben schlechthin. Bezeichnenderweise findet Marco beim Essen im Restaurant *Moon Palace* in seinem Glücksplätzchen jenes Motto, auf das er neun Monate später bei der Lektüre von Nikola Teslas Autobiografie erneut stoßen sollte:

> *The sun is the past, the earth is the present, the moon is the future.* (S. 97)

Die Mondsymbolik durchzieht den Roman vom buchstäblich ersten bis zum letzten Satz und umklammert die scheinbar zufällig angeordneten Mosaiksteine der Handlung. Ihre verschiedenen Interpretationsmöglicheiten werden von Marco anlässlich der Mondlandung angedeutet:

> *I saw the two padded figures take their first steps in that airless world, (...), planting a flag in the eye of what had once been the goddess of love and lunacy. Radiant Diana, I thought, image of all that is dark within us.* (S. 31)

Die römischen Mondgöttinnen Luna (lat. *luna* = der Mond) und Diana versinnbildlichen Weiblichkeit und Jungfräulichkeit, aber auch Fruchtbarkeit und Geburt. Ihr Gegenstück ist der männliche Sonnengott Sol (lat. *sol* = die Sonne). Das männliche, väterliche Element fehlt in Marcos Leben und tritt erst kurz vor Schluss in Gestalt von Sol(omon) Barber auf. Marco lebt also lange

Zeit aus der vagen Erinnerung an seine Mutter heraus ausschließlich unter der Orientierung des Mondes.

Als der junge Solomon in *Kepler's Blood* versucht, seine Vaterlosigkeit aufzuarbeiten, verlegt er die Ursprünge des Stammes, der John Kepler vor dem Tod bewahrt, auf den Mond:

> *"They called themselves the Humans," Barber writes, "the Folk, the Ones Who Came from Far Away. Long ago, according to the legends they told him, their ancestors had lived on the moon* (...)" (S. 255)

Auf der Erde haben sich die *Humans* in Utah niedergelassen, da die dortige Landschaft der Mondoberfläche sehr ähnlich sieht, wie Kepler in dem Roman bemerkt:

> *For nowhere in the world, Kepler thought, does the earth look more like the moon than it does here.* (S. 258)

Utah ist auch Schauplatz des Identitätsverlustes von Julian Barber und dessen Neuanfang als Thomas Effing. Der Mond als Symbol steht folglich nicht nur für Dunkelheit und geistige Desorientierung (*darkness and lunacy*), sondern auch für einen Neubeginn. In Marcos Leben tritt in der Mondlandschaft Utahs die Wende ein. Nach dem Diebstahl seines Autos mit dem größten Teil seines gerade erst geerbten Vermögens bricht er zu Fuß nach Westen auf. Sein neues und eigentliches Leben beginnt mit der Betrachtung des aufgehenden Vollmondes an der Küste des Pazifik:

> *Then the moon came up from behind the hills. It was a full moon, as round and yellow as a burning stone. I kept my eyes on it as it rose into the night sky, not turning away until it had found its place in the darkness.* (S. 307)

Jetzt, da er seine Identitätssuche gerade erfolgreich zu Ende gebracht hat, kann er nachvollziehen, wie wichtig es ist, einen Orientierungspunkt auf der Erde und im Leben zu haben. Dies hat ihm schon Thomas Effing zu vermitteln versucht:

> *A man can't know where he is on the earth except in relation to the moon or a star.* (S. 153)

Der Mond gewinnt für Marco nun die zentrale Bedeutung, die er beim Betrachten von Blakelocks *Moonlight* erst auf den zweiten Blick erkennen kann:

> *I tried to put Effing out of my mind, then stepped back a foot and began to look at the painting for myself. A perfectly round full moon sat in the middle of the canvas – the precise mathematical center, it seemed to me – and this pale white disc illuminated everything above it and below it* (...). (S. 137)

Ralph Albert Blakelock, *Moonlight*, 1885, *Brooklyn Museum of Art*, New York

Die Vater-Sohn-Beziehung

Ein weiterer zentraler Aspekt in *Moon Palace* ist das Motiv der vereitelten Vaterschaft, wobei zumeist die Väter keine allzu großen Anstrengungen unternehmen, den Kontakt zu ihren Söhnen herzustellen. Thomas Effing nimmt die Nachricht von seiner Vaterschaft ohne Emotionen zur Kenntnis. Er wendet sich nur anonym und mittelbar über Pavel Shumansky an seinen Sohn und weigert sich, eine Vater-Sohn-Beziehung mit Solomon einzugehen. Die absichtliche Verzögerung einer solchen Beziehung bis hin zu ihrer endgültigen Verhinderung findet sich an mehreren Stellen des Romans. Onkel Victor flieht mit Marco aus Saint Paul, Minnesota, nach Chicago, um ein Treffen mit Solomon, dessen leiblichem Vater, zu verhindern. Obwohl Solomon seine verflossene Liebe Emily Fogg und seinen Sohn über Jahre hinweg verzweifelt gesucht hat, gibt er sich Marco erst an Emilys Grab zu erkennen. Bei seinem Abschied nach dem ersten Treffen in New York lässt er sich noch nicht anmerken, dass er in Marco seinen Sohn gefunden hat:

> *He was saying good-bye to his son, whereas I was merely seeing off a new friend, a man I had met just two days before.* (…) *"You're the first person I've ever told those stories to," he* (Solomon) *said. "Thank you for being such a good listener. I feel … how shall I put it … I feel there's a bond between us now."* (S. 272)

Auch Marco verzichtet darauf, seine Rolle als Vater auszufüllen. Er verliert seine vorerst letzte Möglichkeit, eine eigene Vater-Kind-Beziehung einzugehen, indem er Kittys Drängen auf eine Abtreibung schließlich nachgibt. Damit vernichtet er, wonach er zeitlebens gesucht hat:

> *I wound up spending several thousand dollars to destroy my own child.* (…) *I could not help feeling that everything was gone, that my whole life had been taken away from me.* (S. 281)

Besonders dramatisch gestaltet sich das Ende der Vater-Sohn-Beziehungen in dem Schlussbild von Solomons Roman *Kepler's Blood*. John Kepler, Jr. erschießt einen Kojoten und damit unwissentlich seinen eigenen Sohn, nachdem er bereits seinen wieder gefundenen Vater aus Rache für dessen Verschwinden mit einem Messerstich getötet hat:

> *A full moon is poised dramatically in the sky for the last scene.* (...) *he* (John Kepler, Jr.) *suddenly sees a coyote standing with its silhouette against the moon.* (...) *The coyote is killed with one shot,* (...) *What he does not realize, of course, is that he has just killed his own son. Before he has time to stand up and walk over to the felled animal, three other coyotes leap out at him from the darkness. Unable to defend himself against their attack, he is chewed to pieces within a matter of minutes.* (S. 262)

Warum aber verhindern in *Moon Palace* zumeist die Väter das Zustandekommen einer Vater-Sohn Beziehung? Dieser Aspekt ist sehr wahrscheinlich autobiografisch motiviert. Austers Verhältnis zu seinem Vater war nie besonders innig und auch seinen Sohn aus erster Ehe sieht er nach der Trennung von seiner Frau nur noch sehr selten.

Die Geschlossenheit und Weite des Raums

Die Abgeschiedenheit in Marcos Apartment, Marcos und Effings Höhlen sowie Solomons Körperfülle als gleichsam ummantelter Raum ermöglicht dem so von der Außenwelt Abgeschirmten, sich auf seine Gefühle und seine psychische Verfassung zu konzentrieren und setzt gleichermaßen den Prozess der Selbstfindung in Gang. Dieser verläuft jedoch nur bei Effing erfolgreich. In der Abgeschiedenheit der Höhle befreit er sich von allen Konventionen zeitgenössischer Malerei. Er findet zu seinem persönlichen Stil, was exemplarisch für seine Identitätsfindung steht. Bei Solomon und Marco hingegen verschärft die Abschottung ihre Krise. Marco steht kurz vor dem Verhungern und wird von Halluzinationen geplagt, bevor der Zufall in Gestalt von Kitty Wu und David Zimmer ihn rettet. Seine Identitätssuche endet erst in den weiten Landschaften des Westens und mit dem Erreichen des Pazifik. Bei Barber bleibt es bis zum Schluss fraglich, ob seine Identitätssuche von Erfolg gekrönt ist. Er findet zwar sowohl seinen Vater als auch seinen Sohn, doch lässt ihn dies nicht ruhen. Erst als er, bedingt durch die starken Schmerzen und die großen Nebenwirkungen der Medikamente, erheblich an Gewicht verliert, fühlt er sich als neuer Mensch (S. 295).

Der Enge des Raumes steht die unfassbare Weite des amerikanischen Westens gegenüber. Während die amerikanische Geschichtsschreibung die Eroberung des Westens als Sieg der Zivilisation über die Wildnis feiert, enden die Reisen in den Westen in *Moon Palace* häufig mit dem Scheitern des Projekts. Blakelocks idyllisch anmutendes Gemälde *Moonlight* entpuppt sich als harsche Kritik an der amerikanischen Geschichte und dem Umgang der weißen Siedler mit den indianischen Ureinwohnern. Julian Barbers Existenz löst sich in nichts auf, die spärlichen Reste von Onkel Victors Karriere als Musiker münden in ein kommerzielles Unterfangen. Er wird Vertreter für Lexika, was letztlich aufgrund der mangelnden Bildungsbeflissenheit der Einwohner von Boise, Idaho, keine Aussicht auf Erfolg hat. Solomons Aufbruch in den Westen wird durch seinen Tod schon in Chicago jäh gestoppt. Marcos Plan, die Höhle seines Großvaters Thomas Effing und damit einen Teil seiner eigenen Vergangenheit aufzuspüren, wird durch den aufgestauten *Lake Powell* vereitelt.

Doch auch das Motiv der Weite des Raums ist nicht eindeutig negativ besetzt. Letztlich übt Marcos Fußmarsch nach Westen entscheidenden Einfluss auf seine Identitätsfindung aus. Die Grenzenlosigkeit der Landschaft führt ihm vor Augen, dass er nun ganz auf sich allein gestellt ist. Der lange und sicherlich beschwerliche Weg ermöglicht es ihm, sich auf sich selbst zu konzentrieren und so seine bewegte Vergangenheit aufzuarbeiten. Die Voraussetzung für einen Neuanfang ist erfüllt. Der Blick auf die Weite des Pazifischen Ozeans signalisiert ihm unbegrenzte Möglichkeiten für die Zukunft.

Der Zufall

Der häufige Ortswechsel ermöglicht als durchgängig vorhandenes Motiv immer neue Figurenkonstellationen und das Eintreten der vielen Zufälle *(coincidences)*. Der Zufall bestimmt in *Moon Palace* den Handlungsverlauf. So begegnet Onkel Victor Solomon Barber und auch Thomas Effing mehrere Male, ohne jedoch zu ahnen, dass ihre Schicksale miteinander verknüpft sind. Marco findet den Aufruf zur Musterung gerade noch rechtzeitig, nachdem er diesen wochenlang mit sich herumgetragen und dessen Existenz längst vergessen hat. Dieser Zufall bewahrt ihn davor, als Kriegsdienstverweigerer zu Zeiten des Vietnamkriegs in große Schwierigkeiten zu geraten. Schließlich bewirbt Marco sich ausgerechnet bei seinem Großvater um eine Stelle als Haussekretär.

Entgegen dem ersten Eindruck, der Zufall bestimme den Ablauf der Ereignisse, wird man bald feststellen, dass die Zusammenhänge keineswegs zufällig, sondern minutiös geplant und genau nachvollziehbar sind. Die Romanstruktur scheint für den Leser die Gültigkeit von Thomas Effings Lebensphilosophie zu bestätigen, die im New Yorker Blackout von 1965 und in der Einhaltung der vorausgesagten Sterbestunde zum Ausdruck kommt:

> *There are no coincidences. That word is used only by ignorant people. Everything in the world is made up of electricity, animate and inanimate things alike. Even thoughts give off an electrical charge. If they're strong enough, a man's thoughts can change the world around him. There's a hidden purpose to everything I do, and it's not for you to judge.* (S. 104/105)

Die Geschichte Amerikas

Neben literarischen Bezügen findet sich in *Moon Palace* eine Fülle von Verweisen auf die Geschichte und Kultur Amerikas. Sie sind scheinbar zufällig in die Romanhandlung eingestreut, ohne bei oberflächlicher Betrachtung einen größeren Zusammenhang erkennen zu lassen. Dieser ist jedoch durchaus vorhanden.

Marcos ureigenste Existenz ist geschichtsträchtig. Er ist der illegitime Sohn eines Geschichtsprofessors und einer Geschichtsstudentin. Er studiert an der *Columbia University*, die den Namen des Entdeckers von Amerika trägt, und bekommt 1492 Bücher geschenkt. Der überwiegend angelsächsische Beitrag zur frühen Entdeckungs- und Besiedlungsgeschichte des amerikanischen Kontinents wird angedeutet. Sir Walter Raleigh und Thomas Harriot entdeckten 1585/86 auf einer Expedition nach Virginia *Roanoke Island* und gründeten die erste Kolonie in Nordamerika. Deren Bewohner verschwanden 1591 auf mysteriöse Weise und gingen unter dem Namen *The Lost Colony* in die Geschichte ein. Ist es einer der vielen Zufälle in *Moon Palace*, dass Solomon Barber ausgerechnet ein Buch über *The Lost Colony of Roanoke* schrieb und an einem weiteren über Thomas Harriot arbeitet?

Die Besiedlungsgeschichte des amerikanischen Westens, die auch vor Gewalt und Völkermord nicht zurückschreckt, wird in verschiedenen Episoden eingeblendet. Diese bleiben aber keinesfalls isoliert im Raum stehen, sondern werden in die Haupthandlung eingebettet, wobei sie das Bewusstsein, Handeln und Schicksal der Personen bestimmen. Marco wird von der Erinnerung an die unheilvolle Vertreibung der Ureinwohner berührt. An seinem letzten Tag im *Central Park* fühlt er sich in wirren Träumen zurückversetzt in die Zeit der ersten Begegnungen zwischen weißen Siedlern und Indianern:

> *She* (Kitty) *was wearing her Navaho headband, and my initial response was to take her for an afterimage, a shadow-woman incubated in the darkness of my dream. Later on, she told me that I smiled at her, and when she bent down to look at me more closely, I called her Pocahontas*[3]. (S. 70)

Beim Betrachten von Blakelocks *Moonlight* unterliegt Marco zunächst dem Irrglauben, eine amerikanische Idylle im Zusammenleben der Ureinwohner und Siedler zu erfahren. Doch bei genauerem Hinsehen stellt er fest, dass es sich um einen Abgesang auf die dem Untergang geweihte indianische Kultur handelt:

> *(...) the picture had been painted in 1885. (...) that was almost precisely in the middle of the period between Custer's Last Stand*[4] *and the massacre at Wounded Knee*[5] *– (...) Perhaps, I thought to myself, this picture was meant to stand for everything we had lost. It was not a landscape, it was a memorial, a death song for a vanished world.* (S. 139)

Ferner erinnert Pontiac, die Typenbezeichnung des roten Wagens, an jenen Ottawa-Häuptling, der die Widerstandsbewegung gegen die britische Landnahme organisierte, die als *Pontiac's Conspiracy* (1763–1766) in die amerikanische Geschichte einging. Der Diebstahl des Autos bedeutet für Marco den Verlust von Besitz und Mobilität – zentrale Werte der amerikanischen Gesellschaft. Nach anfänglicher Wut erscheint Marco dadurch wie befreit. Sein Pioniergeist erwacht und lässt ihn zu Fuß, auf den Spuren vieler seiner Landsleute, den Gang nach Westen bis zum Pazifik antreten. Dort stößt er auf eine natürliche Grenze. Die Möglichkeiten des *Manifest Destiny* scheinen endgültig ausgereizt. Diese Grenze vermittelt Marco ein nie zuvor erlebtes Gefühl der Ruhe und Gelassenheit. Obwohl er noch kein festes Ziel vor Augen hat, sieht er der Zukunft positiv – ja sogar heiter – entgegen.

Bei aller Geschichtsträchtigkeit von *Moon Palace* ist eine Kommentierung oder gar Glorifizierung der Ereignisse durch den Erzähler nicht erkennbar. Weder der Vietnamkrieg noch die erste Mondlandung, vor deren Hintergrund die Handlung abläuft, erfahren eine tiefergehende Würdigung. Die Werte, die Amerika einmal ausmachten, sind offensichtlich im Schwinden begriffen *(vanishing America)*. So scheint es angebracht, das Werk weniger aus der Perspektive seines Erzählhintergrunds als vielmehr aus der Sicht der Zeit seiner Veröffentlichung zu betrachten. Die Reagan-Ära mit ihren sozial-, wirtschafts- und finanzpolitisch verheerenden Auswirkungen auf das Land prägt die Stimmung des Romans.

4 Aufbau und Textstruktur

Erzählstruktur

Insgesamt wird in *Moon Palace* eine inhaltlich zwar etwas seltsam anmutende, aber überschaubare Geschichte erzählt. Der vordergründig einfache Handlungsverlauf lässt eine **Erzählzeit** von über dreihundert Seiten zunächst zu hoch erscheinen. So macht die Darstellung der Episode, die Marco bei Thomas Effing verbringt, bei einer erzählten Zeit von nur sechseinhalb Monaten mehr als ein Drittel des gesamten Romans aus. Die Haupthandlung tritt hier weitgehend in den Hintergrund und wird von der Geschichte in der Geschichte *(story within the story)* abgelöst. Dies ist ein typisches Element postmoderner Literatur. Die Empfindung siegt über die Lebenswirklichkeit, intensiv erlebte Phasen beanspruchen mehr Erzählzeit als andere Perioden.

Eine lineare, chronologisch strukturierte Abfolge der Ereignisse und ein auf Ursache und Wirkung (Prinzip der Kausalität) aufgebauter **Handungsverlauf** lassen sich nur an wenigen Stellen des Romans festmachen. Der Haupthandlungsstrang, der sich von Marcos Ankunft in New York bis zu seinem Eintreffen in *Laguna Beach* erstreckt, wird lediglich in den Kapiteln 2 und 7 durchgängig dargestellt. Einziges verbindendes Element innerhalb des Romans ist die Figur des Erzähler-Protagonisten Marco Stanley Fogg. Dabei wird die eigentliche Handlung in den Kapiteln 1 sowie 3 bis 6 ständig unterbrochen. Die Einschübe sind eigenständige Nebenhandlungsstränge, in die wiederum weitere Geschichten eingelagert sind. Dadurch wird das wirkliche Leben nachempfunden, in dem die Ereignisse in den seltensten Fällen den Gesetzen der Logik folgen. Der Leser fühlt sich davon persönlich angesprochen und kann sich mit dem Geschehen im Roman identifizieren.

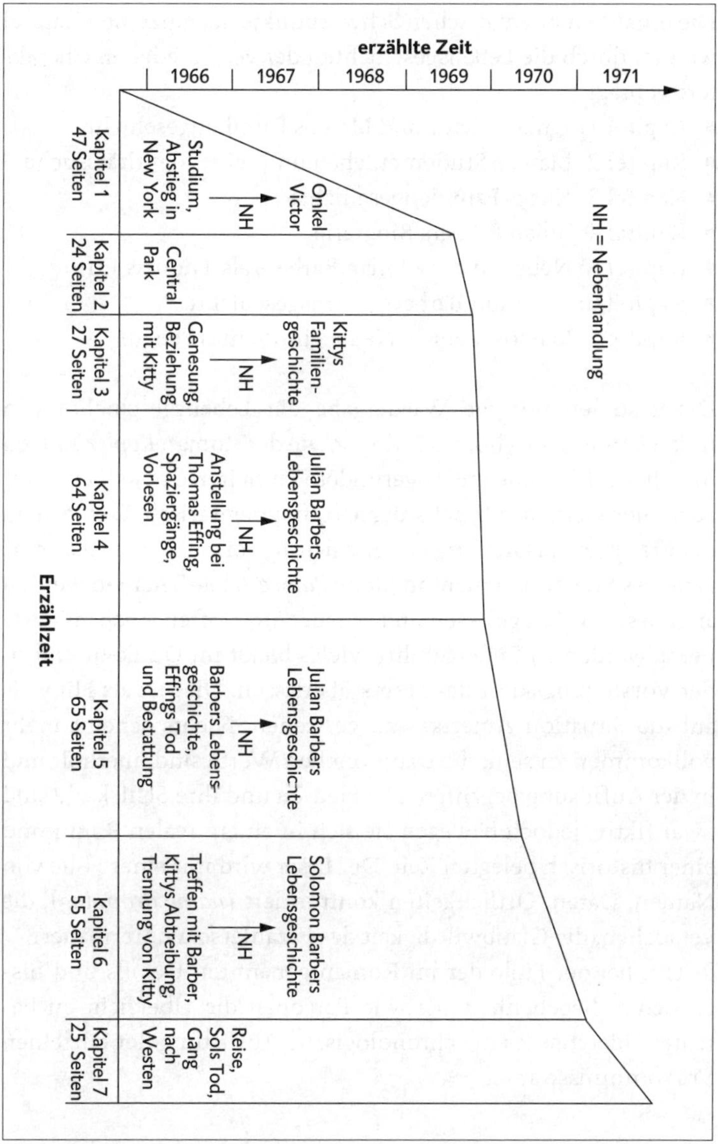

Das Verhältnis von Erzählzeit und erzählter Zeit in *Moon Palace*

Die inhaltlich-thematischen Schwerpunkte der einzelnen Kapitel werden durch die Lebensgeschichten der verschiedenen Charaktere geprägt:

- Kapitel 1: Onkel Victor und Marcos Familiengeschichte
- Kapitel 2: Marcos Studentenleben und seine Identitätssuche
- Kapitel 3: Kittys Familiengeschichte
- Kapitel 4: Julian Barbers Biografie
- Kapitel 5: Neue Existenz Julian Barbers als Thomas Effing
- Kapitel 6: Solomon Barbers Lebensgeschichte
- Kapitel 7: Marcos Marsch, Neubeginn seines Lebens

Dabei stellen nur die Wiedergabe der Lebensgeschichte von Julian Barber und Thomas Effing sowie der Roman *Kepler's Blood* in sich geschlossene und abgerundete Einheiten dar. Jedoch wirkt auch hier vieles nur bruchstückhaft, fragmentarisch. Das Prinzip der **Fragmentarisierung** erweist sich als vorrangiges und durchgängiges Strukturelement in *Moon Palace*. Viele Themen werden angerissen, fallen gelassen und erneut aufgegriffen. Nicht alle Aspekte werden zu Ende geführt; vieles bleibt im Dunkeln und so der Vorstellungskraft des Lesers überlassen. Dies ist als Hinweis auf die Situation Amerikas zu verstehen. Nichts scheint mehr vollkommen zu sein, die traditionellen Werte sind überholt und in der Auflösung begriffen. Die Figuren und ihre Schicksale sind zwar fiktiv, jedoch bewegen sie sich in einem realen Raum und einer historisch belegten Zeit. Der Leser wird mit einer Fülle von Namen, Daten, Örtlichkeiten konfrontiert *(name dropping)*, die versuchen, die Glaubwürdigkeit des Erzählers zu untermauern.

Um bei der Fülle der im Roman genannten Details und historischen Begebenheiten sowie Personen die Übersicht zu behalten, bietet sich eine chronologische Auflistung der einzelnen Vorkommnisse an.

Zeit	Nebenhandlung
1619	Marcos Traum im *Central Park (Indian Dream)*
1883	Julian Barbers Geburt
1885	Ralph Albert Blakelocks *Moonlight*
1905/1906	Julian Barbers Millionenerbschaft nach dem Tod seines Vaters
1912	Heirat von Julian Barber und Elizabeth Wheeler
1915	Onkel Victors Geburt
Aug. 1916	Entdeckung der Einsiedlerhöhle durch Julian Barber
Jan. 1917	Solomon Barbers Geburt
Mai 1917	Ermordung der Gresham Brüder
Feb. 1918	Thomas Effings erfolgreiche Spekulationsgeschäfte
Mai 1918	Effings Begegnung mit Alonzo Riddle in San Francisco
Aug. 1919	Überfall auf Thomas Effing
Sept. 1920	Effings Überfahrt nach Paris auf der *Descartes*
1929	Emily Foggs Geburt
1932	Effings erste Begegnung mit Pavel Shumansky
1933	Solomon Barbers Essay über Blakelock
1934	Solomon Barbers Roman *Kepler's Blood*
1939	Effings und Pavels Rückkehr aus Frankreich
Mai 1939	Solomons, Victors und Effings gleichzeitiger Aufenthalt auf der Weltausstellung in New York
Mai 1939	Tod von Solomons Mutter, Elizabeth Wheeler
1944	Solomon Barbers PhD in Geschichte
1946	Solomon Barbers Liebesbeziehung zu Emily Fogg
1946	Solomons zweite Begegnung mit Victor in Cleveland
1947	Marco Stanley Foggs Geburt
1950	Kittys Geburt
1955	Solomon Barbers *The Lost Colony of Roanoke*
1958	Emily Foggs Unfalltod
Feb. 1958	Marcos Einzug bei Onkel Victor in Chicago
1958	Kinobesuch in Chicago: *Around the World in Eighty Days*
1959	Dritte (Beinahe-)Begegnung von Victor und Solomon in Saint Paul, Minnesota, Victors Flucht nach Chicago
März 1961	Heirat von Victor und Dora Shamsky
1962	Marcos erstmalige Unterschrift als M. S. Fogg
1964	Kittys Ankunft in Amerika

Zeit	Haupthandlung
Herbst 1965	Marcos Ankunft in New York
15.6.1966	Einzug in das Apartment *West 112th Street*
April 1967	Onkel Victors Tod
1967–1969	Lektüre und Verkauf von Victors Büchern
1968	Studentenunruhen in Prag und Berlin, Vietnamkrieg
April 1968	Studentenunruhen an der *Columbia University*
Mai 1969	Marcos Abschluss am *College*
20.7.1969	Erste Mondlandung
Aug. 1969	Erste Begegnung mit Kitty Wu
Aug. 1969	Kinobesuch in New York: *Around the World in Eighty Days*
Aug. 1969	*Woodstock Festival*
Aug. 1969	Marcos Auszug aus dem Apartment, Leben im *Central Park*
Sept. 1969	Pavel Shumanskys Unfalltod
Sept. 1969	Rettung von Marco durch Kitty Wu und David Zimmer
16.9.1969	Marcos Musterung
Okt. 1969	Beginn von Marcos Beziehung mit Kitty Wu
1.11.1969	Einstellungsgespräch bei Thomas Effing
Winter 1970	Besuch im *Brooklyn Museum of Modern Art*
April 1970	Verteilung von 20 000 Dollars an Fremde
10.4.1970	Begegnung mit Orlando
12.5.1970	Thomas Effings Tod
16.5.1970	Marcos Erbschaft
Okt. 1970	Marcos erste Begegnung mit Solomon Barber in New York
März 1971	Kittys Schwangerschaft
Juni 1971	Trennung von Marco und Kitty
Juli 1971	Marcos und Solomons Aufbruch nach Chicago
Aug. 1971	Übertragung von Solomons Wertpapieren auf Marco
4.9.1971	Solomon Barbers Tod
4.9.1971	Marcos Anruf bei Kitty
Sept. 1971	Marcos Suche nach Effings Höhle
6.1.1972	Marcos Ankunft in *Laguna Beach*
1986	Marco Stainley Foggs Biografie

Chronologie der Handlungsabläufe in *Moon Palace*

Ein weiteres postmodernes Strukturmerkmal, das Prinzip des **zyklischen Erzählens** *(cyclical narration, repetitive narration)* zieht sich wie ein roter Faden durch den Roman. Verschiedene Handlungsabläufe, Themen und Motive treten an mehreren Stellen des Romans in gleicher oder ähnlicher Form in Erscheinung. Der Leser erkennt in unregelmäßigen Abständen Bekanntes (Déjà-vu-Effekt). Als Beispiele hierfür gelten unter anderem das Motiv der Höhle sowie die zahlreichen Verweise auf Reisen in den Westen. Weitere bestimmende und immer wieder auftauchende Elemente sind gescheiterte Vater-Kind-Beziehungen, brüchige Ehen, tödliche Unfälle und Erbschaften, die das Leben der Empfänger nachhaltig verändern. Diese Episoden oder Themen begleiten den Leser für eine kurze Zeit, um dann bald wieder fallen gelassen zu werden. Erst nach einigen Seiten oder auch Kapiteln wird das Thema wieder aufgegriffen, variiert, ergänzt.

Neben den zentralen Biografien Marcos, Effings und Solomon Barbers werden die Lebensgeschichten von Victor, Kitty und Zimmer erzählt. Ferner gewinnt der Leser Einblicke in das Leben von Emily, Pavel und Blakelock. Auffällig ist dabei die Parallelität einzelner Ereignisse, sowohl was deren Ablauf als auch deren Bedeutung für die Handlungsstruktur insgesamt angeht. An dieser Stelle seien der Unfalltod Emilys und Pavels genannt oder das künstlerische Scheitern Onkel Victors und Ralph Albert Blakelocks nach anfänglichen Erfolgen. Einerseits macht dies die Handlung sprunghaft und schwer nachvollziehbar, andererseits signalisiert die Wiederholung Verlässlichkeit. Dies kann anhand des Mondes verdeutlicht werden. Während er in seinem Erscheinungsbild ständigen Veränderungen unterliegt, symbolisiert der regelmäßige zyklische Ablauf der Mondphasen Beständigkeit. Durch die ständige Wiederholung gewisser dominanter Aspekte bildet Paul Auster wiederum die Lebenswirklichkeit ab. Er missachtet bewusst die Regeln der Romanliteratur des so genannten Realismus, die für ihn realitätsfern sind.

Metafiktion

Der Roman stellt die Autobiografie des Erzählers und Protagonisten Marco Stanley Fogg dar, der im Jahre 1986 einen Teil seiner Lebensgeschichte aus der Rückschau niederschreibt. Gegenstand seiner Erinnerungen sind nicht nur Erlebnisse und Begegnungen, auch der Akt des Schreibens an sich wird thematisiert (Metafiktion). Als Verfasser seiner Biografie ringt Marco mit der Sprache, um sein Suchen und Streben in die richtigen Worte zu fassen. Die Thematisierung von Sprache erlangt schon während Marcos Aufenthalt bei Effing entscheidende Bedeutung. Auf den täglichen Spaziergängen erfährt der Erzähler, wie schwer es ist, die Realität mit sprachlichen Mitteln zu beschreiben. Dieses Anzweifeln der Glaubwürdigkeit von Sprache ist typisch für postmoderne Literatur. Jedoch ist das Thematisieren von Sprache, von Erzählen und Schreiben nichts Neues und findet sich bereits in Sternes *The Life and Opinions of Tristram Shandy, Gentleman* (1760) oder in Joyces *A Portrait of the Artist as a Young Man* (1916).

Die Essays, die Marco kurz nach Effings Tod verfasst und die sein eigenes Leben in Worte fassen sollen, lassen ihn erkennen, wie schwierig es ist, einer Lebensgeschichte künstlerische Form zu verleihen. Gleichzeitig klingen in diesen kurzen Schriften eben jene Themen an, die im Wesentlichen auch *Moon Palace*, seine eigentliche Biografie, bestimmen:

> *I can't remember all the pieces I worked on, but at least several of them come back to me when I strain hard enough: a meditation on money (...) and another one on clothes; an essay on orphans, and a somewhat longer piece on suicide, (...).* (S. 233)

Intertextualität

Ein weiteres für *Moon Palace* typisches, strukturelles Merkmal der Postmoderne ist die Intertextualität *(intertextuality)*. Dabei wird eine Vielzahl von Bezügen zu literarischen Werken verschiedener Gattungen und Epochen hergestellt und häufig durch (fast) wörtliche Übernahmen untermauert. Für den Leser ist dies auf den ersten Blick kaum erkennbar, geschweige denn überprüfbar. Er findet sich umgeben von einer Fülle literarischer, kultureller und historischer Bezüge, deren Ursprung er aber erst nach mehr oder weniger intensiven Recherchen zu ergründen vermag.

So stellt Onkel Victors kurz gefasste Lebensphilosophie (Every man is the author of his own life. S. 7) eine Anleihe bei Charles Dickens dar. Der Name Phileas Fogg, den Victor seinem Neffen gibt, lässt sich auf den Protagonisten in Jules Vernes *Around the World in Eighty Days* zurückführen. Marcos Einsicht in die Veränderlichkeit der Welt und die Grenzen der Kunst, der Literatur wie der Malerei, die Wirklichkeit widerzuspiegeln, erinnert an Gedanken des berühmten griechischen Philosophen Heraklit (535–475 v. Chr.). Dieser vertrat die Meinung, die einzige permanent existierende Wirklichkeit sei die Veränderung. Er veranschaulichte dies mit dem Bild, der Mensch könne nie zweimal in denselben Fluss treten. Das Wasser bewegt sich ständig fort und folglich setzt sich der Fluss immer neu zusammen. Marco scheitert bei dem Versuch, die Wirklichkeit für den blinden Effing in Worte zu fassen und gelangt zu eben dieser Erkenntnis:

> *But that did not take into account the mutability of those things, the way they changed according to the force and angle of the light, the way their aspect could be altered by what was happening aound them:* (...) *Everything was constantly in flux, and though two bricks in a wall might strongly resemble each other, they could never be construed as identical.* (...) *All inanimate things were disintegrating, all living things were dying.* (S. 122)

Zahlreiche philosophische und literarische Bezüge dieser Art lassen sich in *Moon Palace* ausmachen. Sie reichen von der Antike bis ins 20. Jahrhundert. Angefangen bei Heraklit und Cicero über Thomas von Aquin und Giordano Bruno bis Montaigne, Blaise Pascal, Descartes und Benjamin Franklin. Nathaniel und

Julian Hawthorne, Henry David Thoreau, Herman Melville und Walt Whitman, Vachel Lindsay und F. Scott Fitzgerald sind ebenso vertreten wie nicht-amerikanische, z. T. nicht-englischsprachige Literaten wie Dante Alighieri, Cyrano de Bergerac, Lazarillo des Tormes, Alexandre Dumas sowie William Shakespeare, Jonathan Swift, Robert Louis Stevenson und H. G. Wells.

Die konsequente und bewusste Anwendung der Intertextualität als Gestaltungsprinzip macht auch vor Austers eigenen Veröffentlichungen nicht Halt. Er integriert eine bereits früher erschienene Abhandlung über den Maler Ralph Albert Blakelock und lässt Zimmers Freundin Anna Bloom als Protagonistin in *In the Country of Last Things* auftreten. Intertextualität bewirkt für den kompetenten Leser eine nicht zu unterschätzende Bereicherung des Lesevorgangs. Die zahlreichen Bezüge zur Literatur werden jedoch nicht weiter vertieft. Sie symbolisieren lediglich, dass alle Stilrichtungen und Gattungen netzartig miteinander verknüpft sind und sich gegenseitig beeinflussen.

5 Interpretation von Schlüsselstellen

Einleitungs- und Schlussszene
S. 1 (Zeile 1–15) und S. 305–307

"One small step for a man, one giant leap for mankind."

Mit diesen Worten fasst Neil Alden Armstrong die erfolgreiche Appollo 11-Mission zusammen, als er am 21. Juli 1969 als erster Mensch den Mond betritt. Für Amerika bedeutet dieser Schritt, im Rennen um die Eroberung des Weltraums vorne zu liegen und einen entscheidenden Sieg im Kalten Krieg errungen zu haben. Ferner erfolgt durch das Betreten des Mondes die Verschiebung der *frontier* weit über den eigentlichen Kontinent hinaus. Die ganze Welt, in weiten Teilen durch Studentenunruhen selbst im Umbruch, blickt fasziniert und zukunftsorientiert nach Amerika, das durch sein Engagement im Vietnamkrieg (1954–1975) weltweiter Kritik ausgesetzt ist. Dieser **Romaneinstieg** symbolisiert Marcos ersten Schritt in Richtung Selbstfindung. Im Gegensatz zur geglückten Mondlandung wird der Aufbruch des Protagonisten als risikoreich beschrieben, der Ausgang der Suche ist völlig offen.

Vor dem Hintergrund dieses bedeutsamen Ereignisses, das als Glorifizierung amerikanischen Fortschrittsdenkens in scharfem Kontrast zu dem thematisierten Werteverlust steht, beginnt Marco, der Erzähler-Protagonist, seine Geschichte. Im Rückblick berichtet er von seinem sozialen Abstieg, seinem körperlichen und geistigen Verfall, der fast bis zur vollkommenen Selbstzerstörung führt und ihm jegliche Hoffnung auf eine persönliche Zukunft nimmt (I did not believe there would ever be a future. S. 1). In einer nur fünfzehn Zeilen umfassenden **Erzählzeit** rafft Marco einen Zeitraum von zweieinhalb Jahren **erzählter Zeit** zusammen. Dieser reicht vom Sommer 1969 bis zum 6. Januar 1972, dem Tag seiner Ankunft in *Laguna Beach*. Mit dieser Zusammenfassung als Einstieg will Auster die Aufmerksamkeit des Lesers fokusieren auf das zentrale Thema des Romans: die Identitätssuche. In dieser Zeit führt Marco, wie er später auf knapp dreihundert Seiten ausführlich darstellen wird, willentlich seinen sozialen Abstieg bis zur tiefsten Gosse herbei (I wanted to live dangerously, to push myself as far as I could go, and then see what happened to me when I got there. S. 1). Nur durch die Umsicht von Menschen aus seinem Umfeld wird er vor dem sicheren Untergang bewahrt und gelangt schließlich, auf der Suche nach Selbstfindung *(quest for identity)*, in den äußersten Westen der USA.

Die **Wortwahl** des Erzählers auf der ersten Seite lässt seine Entwicklung erkennen. Sie führt von bewusster Herbeiführung des eigenen Untergangs (I did not believe; I wanted to live dangerously; to push myself as far as I could go; and then see) zur bloßen, passiven Betrachtung der Ereignisse, die zum Niedergang führen müssen (I saw my money dwindle; I lost; I wound up *(enden, landen)* living in the streets; have starved to death). Nicht Foggs Wille, sondern der Zufall führt die rettende Wende herbei, was sich wiederum in der Sprache niederschlägt (I had met her by chance; I came to see that chance as a form of readiness). Im Anschluss bestreitet Marco seine weitere Lebensgestaltung bis zu seinem vollkommenen Neubeginn wieder aktiv (I took the job; I found out; I walked across the desert). Die Sprache wird so zum Spiegel der jeweiligen psychischen und physischen Befindlichkeit des Erzählers.

Der expositorische Beginn ist klammerartig verknüpft mit dem Schluss. Das letzte Bild setzt den Mond noch einmal eindrucksvoll in Szene. Anfang und Ende des Romans werden miteinander verbunden zu einer Geschlossenheit, die der Leser über längere Strecken vermisst hat. Erneut wird hier auf den Mond Bezug genommern, der als **Leitmotiv** den ganzen Roman durchzieht:

> *Then the moon came up from behind the hills. It was a full moon, as round and yellow as a burning stone. I kept my eyes on it as it rose into the night sky, not turning away until it had found its place in the darkness.* (S. 307)

Marcos Blick ist über den Pazifik zu den Gestaden Chinas gerichtet, seinem Blick offenbart sich lediglich Weite und Leere. Diese Unbestimmtheit ermöglicht einen völlig offenen Neubeginn (This is where I start, I said to myself, this is where my life begins. S. 306). So schlägt er den Bogen zurück zum Eingangskapitel (That was long time ago, of course, but I remember those days well, I remember them as the beginning of my life. S. 1).

Unverkennbar ist die **Parallelität** zwischen der Eingangs- und der Schlussszene, eine Struktur, die für den Roman bestimmend ist. Die Passivität des Protagonisten, der sich seiner Bestimmung ausliefert, mündet in eine Phase aktiver Schicksalsbewältigung. Marco findet am Ende seines Weges zu einem Neubeginn (Once I reached the end of the continent, I felt that some important question would be resolved for me. S. 306).

Marcos Versuch, die Spuren seiner und vor allem Effings Vergangenheit zu entdecken, ist zum Scheitern verurteilt, da die Fluten des Stausees *Lake Powell* Effings Höhle in Utah unzugänglich machen. Bei seiner Rückkehr von einer Bootsfahrt auf dem See muss Marco entdecken, dass sein roter Pontiac gestohlen ist. Der schicksalhafte Verlust des Wagens, Inbegriff von Mobilität und Komfort, sowie das Verschwinden seines geerbten Geldes entscheiden für Marco über seine zukünftigen Pläne:

> *It was not until I returned the boat to the rental shack and started looking for my car that the decision was suddenly taken out of my hands.*
> *The Pontiac was nowhere to be found.* (S. 305)

Schließlich überwindet Marco seine anfängliche Apathie (I had no choice; I was so stunned; it struck me) und nimmt sein Schicksal selbst in die Hand. Wie einst Effing folgt er den Spuren der Siedler westwärts und bricht auf, um den Pazifik zu erreichen:

> *By the time I woke up the next morning, shivering against the cold, it struck me that the theft had not been committed by men. It was a prank of the gods, an act of divine malice whose only object was to crush me.*
> *That was when I started walking.* (S. 305)

Marcos Gefühlsbewegungen (I was so angry, so insulted; as though I meant to punish the ground; I thundered inside myself, I wept, I howled S. 305/306) lassen erkennen, dass er aus der Lethargie erwacht und gewillt ist, sich mit seinem Schicksal aktiv auseinanderzusetzen (... and I settled into the rhythm of my steps. S. 306). Auster setzt die **Sprache** bewusst ein, um die einschneidenden Veränderungen in Marcos Verhalten deutlich zu machen. Die Versprachlichung von Wut markiert dabei jeweils einen Neubeginn und das Überwinden der Passivität.

Die Parallelität der Inhalte und deren sprachlicher Darstellung, die zwischen der Eingangs- und der Schlussszene von *Moon Palace* besteht, ist unverkennbar. Sie steht als ein Beipiel für eine **zirkuläre Erzählweise** *(circular narration)*, die hier – wie an vielen anderen Stellen des Romans – verwendet wird. Der passive, schicksalsergebene Protagonist erlebt die Demontage seiner Persönlichkeit bis zur völligen Zerstörung, ohne sich dagegen aufzulehnen. Irgendein äußerer Einfluss bewirkt schließlich, dass er sich aus seiner Passivität befreit und sich auf die Suche nach einer neuen Identität *(quest for identity)* macht.

Marcos Jugend und Studienzeit

S. 1–28 "Every man is the author of his own life (...)"

Nach seinem Kurzbericht über den alles verändernden Lebensabschnitt von 1969–1972 (S. 1, Z. 1–15) zeigt der Erzähler Marco seine Familiengeschichte auf. Viel weiß er jedoch nicht über seine Vergangenheit. Die gemeinsamen Jahre mit seiner Mutter, Emily Fogg, leben in seiner kindlich-naiven, zum Teil unverstandenen und erst später aufgearbeiteten Erinnerung weiter:

> *As I grew older, she left me at home with baby-sitters more and more often, but I did not understand what these mysterious departures of hers meant until much later,* (...). (S. 4)
>
> *At one point, a foolish woman* (...) *started crying when she was introduced to me, dabbing her eyes with a handkerchief, and blubbering on about how I must be poor Emmie's love child. I had not heard that term before, but I could tell that it hinted at gruesome and unfortunate things.* (S. 5)

Einiges kann er nur unbestätigt, aus zweiter Hand wiedergeben (... but I did not learn that I was illegitimate until after she was dead. S. 3). Viele Erkenntnisse werden ihm von seinem Pflegevater Onkel Victor vermittelt (Later on, Uncle Victor told me that his father's name had originally been Fogelman, ... S. 3).

Marco stellt die Dinge – was zunächst nicht ungewöhnlich ist – aus seiner Sicht dar. Dabei hält er sich in der Beschreibung der Handlungsabläufe nicht an ihre chronologische Abfolge (Then, in the spring of 1967, Uncle Victor died. S. 3; Uncle Victor had been found dead at his lodgings ... S. 18), sondern baut Rückblenden und Vorgriffe in die Erzählung ein. Abschweifungen *(digressions)* vom Haupthandlungsstrang werden häufig als Einschübe in Form von gedanklichen Assoziationen des Erzählers, wie sie auch die *stream of consciousness technique* verwendet, ausgelöst. Vieles bleibt bruchstückhaft, der Schauplatz New York mit all den erwähnten Straßennamen und Marcos Apartment sind zunächst nur Benennungen ohne Farbe, ohne Leben. Wie die Szenerie so sind auch die Charaktere häufig nur schemenhaft gezeichnet. Teilweise erscheinen sie namenlos, austauschbar (My friends found it a bit odd, but ... S. 2; My roommate understood the empty restaurant, but ... S. 14). Andere Figuren werden zwar namentlich eingeführt, beleiben jedoch ohne zuverlässige Beschreibung ihres Äußeren (I don't have any pictures of my mother, and it is difficult for me to remember what she looked like. S. 4). Diese Technik des einfachen Erwähnens und der unvollständigen Darstellung von Schauplätzen und Personen spiegelt Austers Auffassung von **Realismus** wider. Er grenzt sich bewusst von der detailgenauen Schilderung, der umfassenden Personenbeschreibung und uneingeschränkten Erzählperspektive traditioneller Romanliteratur ab. Selbst Emily Fogg, die Mutter des Erzählers, wird ohne verlässliche differenzierende Wesensmerkmale, unverbindlich und vage gezeichnet:

> *More often than not she was dreamy, given to mild sulks, and there were times when I felt a true sadness emanating from her, a sense that she was battling against some vast and internal disarray.* (S. 4)

Marcos Erinnerungen an seine Mutter sind nur schemenhaft (I don't have any pictures of my mother … and I believe she worked for a textbook company of some sort, although I was too young to have any sense of what she did there. S. 4), sein Vater tritt überhaupt nicht in Erscheinung (There was never any father in the picture … S. 3; With my father, however, all was a blank … S. 4). Auf Fragen nach ihm erhält Marco nur wenig zufriedenstellende Auskünfte von Emily und ihrem Bruder (He died a long time ago … before you were born. S. 4). Die kindliche Fantasie ersetzt den Vater durch die heldenhafte, vom Schicksal gebeutelte Comic-Figur Buck Rogers. Nach Emilys frühem Tod wird Marco zunächst zum Waisen (… sobbing myself to sleep at night like some pathetic orphan hero in a nineteenth-century novel. S. 5). Onkel Victor, dem eigene Vaterfreuden versagt bleiben, vermittelt seinem Zögling die Familiengeschichte bis ins letzte Detail, den entscheidenden Fragen (All children are love children … S. 3) weicht er jedoch aus.

Somit ist es nicht verwunderlich, dass Onkel Victor eine eingehendere Charakterisierung erfährt. Dennoch kann die Darstellung seines äußeren Erscheinungsbildes (… a spindly, beak-nosed bachelor of forty-three … S. 5), seiner Einstellung zum Leben und seines Verhaltens (Like all the Foggs, he had a penchant for aimlessness and reverie, for sudden bolts and lengthy torpors. S. 5) kaum über das Typenhafte hinausreichen. Auch diese Figur bleibt ohne scharfe Konturen. Auster versucht damit wiederum die Lebenswirklichkeit möglichst genau wiederzugeben. Der Erzähler ist ein Mensch wie alle anderen. Er ist keinesfalls allwissend und kann seine Mitmenschen lediglich aus seiner – beschränkten – Perspektive beschreiben.

Der eingefleischte Junggeselle versucht Marco in geordnete Familienverhältnisse einzugliedern, indem er Dora Shamsky, geborene Katz, heiratet. Die Ehe scheitert nach wenigen Jahren und bedeutet für Victor ein menschliches und finanzielles Fiasko.

Marco muss zusehen, wie sein Onkel in der Folge geistig und körperlich abbaut. Dies trägt, wenngleich nicht unmittelbar, entscheidend zu Marcos selbstzerstörerischem Sich-Treiben-Lassen im *Central Park* bei. Onkel Victor entwickelt sich zu der Figur, die als Vater-, Mutter- und Familienersatz Marcos Wesen entscheidend und nachhaltig prägt. Sein Tod wird zum eigentlichen Auslöser für Marcos Krise:

> *Then, in the spring of 1967, Uncle Victor died. This death was a terrible blow for me; in many ways it was the worst blow I had ever had. Not only was Uncle Victor the person I had loved most in the world, he was my only relative, my one link to something larger than myself.* (S. 3)

Onkel Victor wird zur vorherrschenden Gestalt in Kapitel 1. Unter seinem Einfluss, durch die Verinnerlichung seiner zum Teil abstrusen Theorien über Leben und Menschen, wächst Marco in eine Außenseiterrolle hinein. Er entwickelt sich zum **Pikaro**, dessen Denken und Handeln sich klar von der Norm abhebt, der sich dem Konformismus gesellschaftlichen Lebens entzieht, sich aber nie ganz außerhalb der Grenzen gesellschaftlicher Regeln und Gesetze begibt. Victor ist es auch, der Marco anregt, seine Lebensgeschichte zu Papier zu bringen. Victors dramatische Funktion besteht somit darin, die Identität des Erzählers zu prägen. Marcos Drang, Geschichten zu erfinden und zu schreiben, wird durch Onkel Victor angeregt und gefördert. Beide finden Gefallen daran, Fantasiewelten zu entwickeln, um der eigenen Wirklichkeit zu entfliehen (... we had developed a game of inventing countries together, imaginary worlds that overturned the laws of nature. S. 6). Obwohl der Name Marco Stanley Fogg vermutlich nur auf Zufällen und Versehen beruht (S. 7), schreibt Victor ihm Bedeutungen zu, die die Vorstellungskraft Marcos schicksalhaft beeinflussen. Phileas Fogg, der Held in dem Film *Around the World in 80 Days*, Marco Polo, Sir Henry Morton Stanley symbolisieren Abenteuerlust und Entdeckergeist, rundum Qualitäten, die auch den amerikanischen *frontier spirit* ausmachen. Onkel Victors Deutungen von Marcos Namen entwerfen für den jungen Erzähler eine Überlebensstrategie in seinem schulischen Umfeld. Noch wichtiger für Marcos Zukunft erweist sich aber Victors Deutung der Abkürzung M. S. als ‚Manuskript':

Every man is the author of his own life. (...) The book you are writing is not yet finished. Therefore, it's a manuscript. (S. 7)

Marco übernimmt damit die Verantwortung für den Fortgang seiner Lebensgeschichte, deren Aufzeichnung zum eigentlichen Gegenstand des Romans wird und den Leser die Entstehung von Marcos Autobiografie miterleben lässt. Hier wird bereits auf das **metafiktionale Element** von *Moon Palace* verwiesen, das später großen Raum einnimmt (Vorlesen und Spaziergänge bei Effing, Verfassen von Effings Nachruf und Biografie, Marcos literarische Versuche). Einige Seiten sind jedoch schon beschrieben; es ist kein völliger Neuanfang. Die Vergangenheit wirkt in die Gegenwart und die Zukunft hinein und wird – von Zufällen bestimmt – an den entscheidenden Stellen den Gang der Handlung beeinflussen, wenn nicht bestimmen. Einige Klassenkameraden machen spöttische Anspielungen (I was M. S. to everyone else. A few wits pointed out that those letters were also the initials of a disease ... S. 7) auf das Krankheitsbild der Multiplen Sklerose. Diese führt zum schleichenden Verlust der Kontrolle über körperliche Abläufe. Im Hinblick auf Marcos spätere Erlebnisse im *Central Park* scheint dieser Vorgriff gar nicht so abwegig zu sein.

Nach neun Monaten im Schlafsaal des *Columbia College* bezieht Marco sein eigenes Apartment – ein erster Schritt der teilweisen Loslösung von der (studentischen) Gemeinschaft. Die Wohnung, deren Inneres Marco – auf sehr eigenwillige Art – selbst gestaltet, markiert den Beginn seiner Individualität, aber auch den Anfang des Zerstörungsprozesses seiner bisherigen Identität. Das Apartment in *West 112th Street* wird durch die Gegenwärtigkeit Onkel Victors bestimmt. Die 76 Bücherkartons aus seinem Nachlass sind zu Möbeln arrangiert. Birgt die Zahl einen Hinweis auf die Unabhängigkeitserklärung im Jahre 1776, dem Geburtsjahr der Vereinigten Staaten von Amerika? In den Kisten befinden sich 1492 Bücher. Hier begegnet uns auch eine direkte Anspielung Victors auf ein zentrales Ereignis der amerikanischen Geschichte (A propitious number, I think, since it evokes the memory of Columbus's discovery of America, and the college you're going to was named after Columbus. S. 13). Der Beginn der amerikanischen Geschichte wird so mit dem Anfang von Marcos **Biografie** verknüpft, um deutlich zu machen, dass jeder Mensch einen historischen Hintergrund hat, der ihn in seinen Entscheidungen beeinflusst, ohne dass dies der Person bewusst wird.

Die Büchersammlung spiegelt in ihrer willkürlich erscheinenden Zusammenstellung dreißig Jahre von Victors Lebensgeschichte wider. Obwohl Marco den Inhalt der Bücher noch nicht kennt, gaukelt er seinen Freunden vor, genau zu wissen, auf welchen Errungenschaften der Geistesgeschichte er esse und schlafe. Das Geschichtenerzählen wird für Marco zum Selbstzweck, der Wahrheitsgehalt spielt dabei keine Rolle. Marcos Umfeld wird durch seine gedanklichen Eskapaden nur darin bestärkt, ihn in einer Außenseiterrolle zu sehen. Schließlich verkauft Marco Victors Bücher Stück um Stück, um nicht die üblichen studentischen Finanzierungsstrategien in Anspruch nehmen zu müssen. Er liest jedes einzelne Buch, bevor er es veräußert. Dennoch quälen Marco Gewissensbisse. Mit jedem Buch verinnerlicht er einen weiteren Teil von Victors Gedankenwelt. Durch den anschließenden Verkauf gewinnt er ein paar Dollar für sein augenblickliches Überleben, zerstört jedoch jedes Mal einen Teil der Wohnungseinrichtung, seiner finanziellen Grundlage und überhaupt seiner Existenz:

Each time I opened a box, I was able to enter another segment of my uncle's life, a fixed period of days or weeks or months, and it consoled me to feel that I was occupying the same mental space that Victor had once occupied (...).
Each time I ventured into my uncle's past, it produced a physical result, an effect in the real world. (...) I could follow the progress of my own dismemberment. Piece by piece, I could watch myself disappear. (S. 22–24)

Marcos familiäre und geistige Verbundenheit mit seinem Onkel wird über Tausende von Meilen hinweg aufrechterhalten. Victor schreibt regelmäßig Ansichtskarten von seiner Tournee durch den Westen und Marco trägt Victors Anzug. Sowohl die Karten, denen Marcos rege Fantasie unglaubliche Geschichten zuordnet, als auch der Tweed-Anzug erfüllen zwei Funktionen. Sie heben den jungen Studenten von einem Umfeld ab, in das er sich nicht einordnen will, und geben ihm Halt:

(...) *a young man clearly out of step with the rest of the world. But the fact was that I had no desire to fit in. If my fellow students pegged me as an oddball, that was not my problem. I was the sublime intellectual, the cantankerous and opinionated future genius, the skulking Malevole who stood apart from the herd.* (S. 15)
More than anything else, the suit was the badge of my identity, the emblem of how I wanted others to see me. (S. 15/16)

Annäherung zwischen Marco und Thomas Effing

S. 182–184 "It took us more than two weeks to get that far (...)"

Diese Szene stellt einen Meilenstein in dem Prozess der Annäherung zwischen dem gänzlich in seiner Erzählung befangenen Effing und dem zuhörenden und protokollierenden Marco dar. Thomas Effing vergisst seine Umgebung, geht vollkommen in der Aufarbeitung seiner Vergangenheit auf (S. 183). Obwohl, oder gerade weil Effing mit den unglaublichsten Einzelheiten aufwartet, gibt Marco allmählich seinen Widerstand gegen Effings Glaubhaftigkeit auf. Er ist von den erzählerischen Fähigkeiten seines Gegenübers so fasziniert, dass er sich einfach mitreißen lässt:

> (...) *it was all so farfetched, and yet the very outrageousness of the story was probably its most convincing element. It did not seem possible that anyone could have made it up, and Effing told so well, with such palpable sincerity, that I simply let myself go along with it,* (...) (S. 183)

Effing erzählt seine Geschichte zwar nicht durchgängig, der regelmäßige Tagesablauf zwingt zu Unterbrechungen (We can't disrupt the world for the sake of momentary pleasures. S. 112). Da jedoch in Effings Bericht die **Chronologie** weitgehend aufrechterhalten wird, gewinnt seine Geschichte auch für den Leser an Geschlossenheit und Glaubwürdigkeit.

Zunächst sind es rein äußerliche Übereinstimmungen, wie die gemeinsame Erfahrung des Lebens in einem höhlenartigen Raum, die Marco – wenngleich etwas widerstrebend – zu dem Schluss kommen lassen, in enger Beziehung zu Effing zu stehen:

> *In spite of the revulsion he inspired in me, I could not help thinking of him as a kindred spirit.* (S. 183)

Wenn Marco Thomas Effing als a *kindred spirit* empfindet, so kann weder er noch der Leser an dieser Stelle abschätzen, welche tiefere und schicksalsträchtige Bedeutung sich hinter dieser Erkenntnis verbirgt. Beide Bedeutungsnuancen des Wortes *kindred* treffen zu: Gleichheit oder Ähnlichkeit, aber auch echte Blutsverwandtschaft. Dies offenbart sich Marco und dem Leser erst viel später, wenn Marco am Grab seiner Mutter in Thomas Effings leiblichem Sohn, Solomon Barber, seinen Vater erkennt. Da der Erzähler auch den Leser über die Familienbeziehungen im Unklaren lässt, kann diese Stelle nicht als *dramatic irony* gedeutet werden. Vielmehr ist sie als retardierendes Moment zu sehen, das – je nach Deutung des Wortes *kindred* – Zusammenhänge zwar andeutet *(anticipation)*, sie aber erst ganz am Schluss offenlegt. Der Leser wird gleichsam vorgewarnt, versteht diese Warnung aber ebenso wenig, wie Marco seine Gefühle zu deuten weiß. Auch hier bleibt Auster somit seinem Grundsatz treu, dass der Leser keinen Wissenvorsprung erhalten darf.

Indem Marco sich eingehend mit Effings Bericht auseinander setzt, über dessen Glaubwürdigkeit nachdenkt und von Effings Stimme vollkommen absorbiert wird, gibt er seine Gleichgültigkeit gegenüber dem alten Mann und dessen Schicksal auf. Er lebt ganz mit und in Effings Worten, verinnerlicht dessen Geschichte so sehr, dass sie für ihn zur einzigen Daseinsberechtigung und zum Lebensinhalt wird (Those words filled every inch of the air around me, and in the end there was nothing else for me to breathe. S. 184). Marco findet sich eingeschlossen in einem Raum, den die Sprache begrenzt. Er fühlt sich geistig und körperlich gefangen. Die Sprache, Voraussetzung für Vorstellungskraft und **Imagination**, siegt über die **Realität**. Wieder einmal ist es Kitty, die ihn in der Folge aus dieser Enge herauslösen kann.

Die letzten Tage von Thomas Effing

S. 208–214 "For obvious reasons, we didn't go out that night (...)"

Die Annäherung zwischen Marco Stanley Fogg und Thomas Effing erreicht ihren Höhepunkt in der Orlando-Szene (Kapitel 5, S. 208–210) und den sich aus ihr ergebenden folgenschweren Ereignissen. Die Szene an sich ist nach Meinung des Erzählers eher unbedeutend und doch symptomatisch für das Alltagsleben in der Metropole (It was an odd little episode, but such things happen in New York more often than you would think, especially if you are open to them. S. 210).

Die Orlando-Episode hebt sich in ihrer unbekümmert und gelöst wirkenden Art der Darstellung vom übrigen Roman ab. Dies lässt sich vor allem an der Wortwahl festmachen. Neben Ausdrücken rund um das Lachen (I couldn't help laughing; he

(Effing) let out a laugh as well; His laugh was louder than mine; With a big smile on his face; S. 209) dominieren Beschreibungen von Freude (he said merrily; something so whimsical and open-hearted; It pleased me S. 209). Effings befreiendes Lachen, seine spontane Bereitschaft, in Orlandos unsinnig erscheinender Posse mitzuspielen, wird von Marco dankbar registriert. Die Erleichterung überträgt sich auf den Leser, dem das Bisherige sicherlich eher ein Gefühl der Bedrückung und Düsterkeit vermittelt hat. Der Regen vom völlig wolkenlosen Himmel und die schützende Funktion der fehlenden Schirmbespannung stellen zwei Irrealitäten dar, die sich gegenseitig aufheben. Doch für denjenigen, der bereit ist, daran zu glauben, wird beides zur Wirklichkeit. Erneut siegt die **Fantasie** über die **Realität**.

Fogg wandelt sich vom objektiven, sachlichen, innerlich weitgehend unbeteiligten Beobachter zum **personalen Erzähler**, der für kurze Zeit Einblick in das Denken und Fühlen Effings erhält (He played along without asking any questions, intuitively understanding that nonsense of this sort could continue only if we all pretended to believe in it. S. 209). Effing unterwirft sich den Gesetzen der Illusion, die sich im Verhalten Orlandos widerspiegeln. Orlando selbst ist vollkommen von der Scheinwelt absorbiert. Seine Sprache erhebt sich über ihre ureigene Funktion der Informationsvermittlung, verliert laut Marco an Struktur zugunsten assoziativer Zufälligkeiten (… and chattering on the whole way in a rapid-fire monologue of ridiculous associations and puns. S. 209).

Marcos Deutung von Orlandos imaginären Kräften (This was imagination in its purest form: the act of bringing nonexistent things to life, of persuading others to accept a world that was not really there. S. 209) zeugt von Bewunderung und steht für diesbezüglich bereits gemachte Erfahrungen Effings und Marcos. In diesem Zusammenhang sei genannt, wie Effing während der Spaziergänge in den Straßen von New York seine Umwelt nur aus

Marcos Beschreibungen erfährt und die Welt in seinem Kopf neu schaffen muss. Marco erlebt auf der Fahrt zum *Brooklyn Museum* Ähnliches. Er hält die Augen geschlossen, lediglich Geräusche und Gerüche stehen ihm zur Verfügung, um seine Umwelt wahrzunehmen und sich ein Bild davon zu machen. Dies kommt einem schöpferischen Akt gleich.

Orlandos Abschiedsworte stehen für das grundlegende Prinzip der **Handlungsstruktur** in *Moon Palace* (If you're not ready for everything, you're not ready for anything. S. 210). Der **Zufall**, ob echt oder inszeniert, bestimmt den Gang der Handlung und konfrontiert die Charaktere mit unerwarteten Situationen. Orlandos Ratschlag (... save it (the umbrella) for a rainy day S. 210) prognostiziert eine solch schicksalhafte Wendung. Für Marco kommt sie völlig unerwartet, für Effing hingegen läuft sie vollkommen kontrolliert ab. Was für Marco wie ein Zufall aussieht, ist für Effing das Ergebnis perfekter Planung. Marco hätte es wissen müssen, wenn er Effings früherer Mahnung mehr Beachtung beigemessen hätte (Just remember, Fogg, ..., never take anything for granted. Especially when you're dealing with a person like me. S. 111). Doch Marco unterliegt einer Fehleinschätzung der Situation, als er auf Effings Zusicherung, einen Regenschirm bei sich zu haben, vertraut (S. 211). Herr der Lage ist jedoch allein Effing, der durch das Vertauschen der Schirme seinen vorhergesagten Tod in die Wege leiten kann. Durch den magischen Schirm unbesiegbar *(invincible)* zu werden, bedeutet für Effing nicht, dem Regen zu trotzen, sondern durch die absichtlich herbeigeführte Schutzlosigkeit den prognostizierten Zeitpunkt seines Sterbens einhalten zu können. Als Marco die Doppelbödigkeit dieser Bemerkung erkennt, ist es bereits zu spät. Es bleibt ihm nichts anderes übrig, als sich Effings Triumph anzuschließen und Komplize bei dessen Selbstmord zu werden.

Während seines Aufenthalts im *Central Park* schließt Marco die Möglichkeit der Beherrschung der Materie durch den Geist noch aus, als er versucht seines Hungergefühls Herr zu werden (... the mind cannot win over the matter, for once the mind is asked to do too much, it quickly shows itself to be matter as well. S. 29/30). Effing jedoch setzt sich willentlich und schutzlos dem heftigen Regen aus. Marco gibt schließlich seinen inneren Widerstand gegen Effings abwegiges Verhalten auf. Er spürt, dass Effing fest entschlossen ist, seinen Tod herbeizuführen. Er wird Zeuge, wie Effings Geist, ganz im Sinne postmoderner Literatur, die Materie überwindet, was von Effing überschwenglich konstatiert wird:

> *It's mind over matter, Fogg. We've finally done it! We've cracked the secret of the universe!* (S. 213)

Marco möchte dem alten Mann die Genugtuung nicht nehmen, die dieser augenscheinlich im Funktionieren seines Plans empfindet. Auch wenn dies den sicheren Tod Effings bedeutet, hat Marco gelernt, dass er diesen ohnehin nicht verhindern kann. Er respektiert die Wünsche Effings und macht das Spiel mit, nicht zuletzt auch deshalb, weil er Effings Zuneigung bis zum Schluss genießen möchte (The old man was going to die, but for as long as he lived, he would love me. S. 213).

Als Marco den kranken Effing auf dem Sterbebett betreut, wird ihm die Veränderung ihrer Beziehung bewusst (Since the rainstorm, our relationship had changed to such an extent that he now doted on me as if I were his own flesh and blood. S. 216). Effing macht sich Sorgen um Marco, für den er in der realen Welt kaum Überlebenschancen sieht. Mittels einer – allerdings vergeblichen – Lüge bezüglich seiner Berufsaussichten versucht dieser die Bedenken des alten Mannes zu zerstreuen:

> *Libraries aren't in the real world, after all. They're places apart, sanctuaries of pure thought. In that way, I can go on living on the moon for the rest of my life.* (S. 217)

Die endgültige **Identifikation** zwischen Marco und Effing offenbart sich in Marcos Bemühen, Effing durch die Kraft der Wörter und seiner Stimme am Leben zu halten. Hier verliert die Sprache, die bislang die Beziehung zwischen Marco und Effing aufrechterhalten hat (My relationship with you will be composed of words, … S. 104) an Macht und Einfluss, so dass auch sie Effings Schicksal nicht mehr wenden kann:

> *The weaker Effing became, the more strenuously I applied myself, doubling my efforts in order to bridge the distance that was steadily growing between us. (…) At a certain point, I realized that I was probably talking into a void, but I went on talking anyway, hypnotized by the thought that my voice was the one thing that could keep Effing alive. It made no difference, of course.* (S. 219)

Nach dem Tod Effings fühlt Marco eine große Leere. Wenngleich es nicht immer einfach war, die Launen des alten Manns zu ertragen, ist Effing für Marco zum Schluss eine seiner vertrautesten Bezugspersonen. Über dessen Tod hinaus, ermöglicht Effings Hinterlassenschaft Marco einen Neuanfang zusammen mit Kitty Wu und sichert so – zumindest für einige Zeit – dessen Zukunft.

Rezeptionsgeschichte

Rezensenten und Literaturhistoriker tun sich schwer, für *Moon Palace* die passende Bezeichnung zu finden (Pikaresker Roman, Bildungs- oder Entwicklungsroman, Abenteuerroman, Sciencefiction, *road novel* oder *pulp fiction*) und Austers Romanschaffen zweifelsfrei dem Realismus, der Moderne, der Prämoderne oder der Postmoderne zuzuordnen. Auster selbst[6] sieht Gründe für eine zunächst nur geringe Anerkennung seines Werks vor allem in der strikten Ausrichtung der Kritiker an konventionellen Elementen der Romanliteratur. Erst allmählich wird ihm Anerkennung zuteil, in Amerika, wo er zunächst noch als elitärer Autor mit europäischem Einschlag eingeschätzt wird, anfangs jedoch nur spärlich. Tatsächlich vollzieht sich der Durchbruch zuerst in Europa, vor allem in Frankreich, Deutschland und England, aber auch in Japan. Eine Ausnahme bildet dabei New York, wo sich aufgrund des Schauplatzes von *The New York Trilogy* und *Moon Palace* naturgemäß schon früher eine breitere Leserschaft findet:

> *With Moon Palace (1989), Auster's fiction suddenly became more enjoyable to the American reading public. Less metaphysical? Less metafictional? Less intertextual? Less Jewish? Perhaps more openly American.*[7]

Heute wird Paul Auster von vielen Kritikern als einer der beliebtesten Romanautoren der amerikanischen Gegenwartsliteratur gerühmt. Die *Weltwoche* sieht in ihm 1992 eine der großen literarischen Entdeckungen der achtziger Jahre, einen Autor, der sich 1987 mit der New-York-Trilogie – deren Veröffentlichung zuvor jedoch von siebzehn Verlagen abgelehnt wird und auch in Deutschland nur unter schwierigsten Bedingungen vollzogen werden kann – „schlagartig Kultstatus erschrieb“, und glaubt in *Moon Palace* eine „postmoderne Parzival-Variation“ zu erkennen.[8]

Die Rolle des Zufalls und vor allem dessen Überbetonung fordert ebenso zu Kritik heraus wie die postmodernen Erzähltechniken. Während jedoch die einen aufgrund dieses Strukturprinzips zu hohe Anforderungen an den Leser bemängeln, glauben andere gerade in diesem ungewöhnlichen Anspruchsniveau die Gründe für Austers Erfolg zu erkennen.[9]

Divergierende Meinungen der Kritiker beziehen sich nicht nur auf die Struktur von *Moon Palace*, sondern betreffen als zum Teil geradezu vernichtende Kritik auch dessen allgemeine literarische Einschätzung. Der Roman mache zu viele Konzessionen an den Zeitgeschmack der Leser und baue zu sehr auf literarische Effekte.[10]

Schließlich wird auch die innere Geschlossenheit des Werkes infrage gestellt. So beschreibt Sven Birkerts das erste Drittel des Buches als extrem fesselnd, hegt jedoch Zweifel an der literarischen Qualität der Folgekapitel.[11] Genau umgekehrt sieht dies Werner Reinhart:

> (...) *erst nach Foggs Errettung gewinnt* Moon Palace *an historischer Tiefe, räumlicher Weite und sozialer Varianz, erst ab dem dritten Kapitel gewinnt der Roman an Tempo und Rasanz.* (...) Moon Palace *greift in Kenntnis der Moderne auf frühere Erzählformen zurück; er ist deshalb ebenso postmodern wie auch prämodern.*[12]

Gerade diese Verknüpfung von traditionellen Erzählformen mit postmodernen Erzähltechniken bedingen die umstrittene Bewertung, aber auch die Einzigartigkeit von *Moon Palace*.

Auf der einen Seite wird Auster als ein rätselhaftes Ungeheuer beschrieben, das seinen Lesern die Beschäftigung mit seinem Werk nicht leicht macht. Auf der anderen Seite lassen die vielen Auszeichnungen, die seinem Werk verliehen worden sind, seine Einschätzung als ein herausragender Romanautor, der im selben Atemzug mit Autoren wie Nathaniel Hawthorne und Alain Robbe-Grillet genannt wird, oder seine Einordnung unter den zwei, drei wichtigsten amerikanischen Autoren der späten siebziger Jahre gerechtfertigt erscheinen.

Auster selbst ist sich bewusst, dass er als schwieriger Autor gilt, hält sich selbst hingegen für einen einfachen, klaren und leicht verständlichen Schreiber und räumt im Übrigen den Kritikern die Zeit ein, die sie brauchen werden, um sein Werk zu verstehen:

> *It takes time for the dust to settle, and every writer has to be prepared to listen to a lot of stupidities when his work is discussed.*[13]

Literaturhinweise

Verwendete Ausgabe:
Auster, Paul: *Moon Palace*. faber and faber: London, Boston 1992

Auster, Paul: *The Invention of Solitude*. Penguin: New York 1982
In seinen Erinnerungen befasst sich Paul Auster mit dem Verhältnis zu seinem Vater und mit dessen Tod. Das Buch bietet Informationen zu Austers Biografie und die in *Moon Palace* vorherrschende Vater-Sohn-Thematik.

Auster, Paul: *The Red Notebook*. faber and faber: London, Boston 1995
Auster beschreibt in diesem Buch Begebenheiten aus seinem eigenen Leben und leistet damit einen wesentlichen Beitrag zum Verständnis seiner Werke. Es enthält außerdem eine Reihe von Interviews mit Paul Auster, u. a. das viel zitierte Gespräch mit Larry McCaffery und Sinda Gregory.

Barone, Dennis (ed.): *Beyond the Red Notebook. Essays on Paul Auster*. University of Pennsylvania Press: Philadelphia 1996
In einer Reihe von Aufsätzen befassen sich verschiedene Autoren mit unterschiedlichen Aspekten von Paul Austers literarischem Schaffen. Sprachlich zum Teil recht anspruchsvoll, vermittelt diese Aufsatzsammlung für das Verständnis von *Moon Palace* wesentliche Erkenntnisse.

Chénetier, Marc: *Paul Auster as "the Wizard of Odds": Moon Palace*. Didier Érudition CNED: 1996

Die Monografie ist, wenngleich sprachlich nicht ganz einfach, verständlich geschrieben und klar gegliedert. Sie konzentriert sich auf *Moon Palace* und empfiehlt sich als erste Orientierungshilfe bei der Lektüre des Romans.

Herzogenrath, Bernd: *An Art of Desire. Reading Paul Auster*. Amsterdam, Atlanta 1999

Aufschlussreich sind in dieser Abhandlung vor allem die Kapitel 5 und 6, die sich mit den zentralen Themen und Motiven, den Symbolen und der Sprache in *Moon Palace* befassen.

Weitere Materialien zu *Moon Palace*, u. a. auch eine kommentierte Bibliografie, finden sich auf der Homepage des Oberschulamts Freiburg i. Br. unter:
www.mcg.fr.bw.schule.de/auster/_start.htm

Die Biografie stützt sich im Wesentlichen auf Ausführungen in:
http://members.aol.com/knkreutzer/auster/austbiog.htm

Anmerkungen

1 *Frontier* ist die imaginäre Grenzlinie zwischen besiedelten und unbesiedelten Gebieten, zwischen Zivilisation und Wildnis, die sich während der Erschließung des amerikanischen Kontinents im 18. und 19. Jahrhundert nach Westen bis zum Pazifik verschiebt.

2 Doktrin des 19. Jahrhunderts, durch die sich die USA die Verpflichtung und das Recht zusprachen, ihr Gebiet und ihren Einfluss über ganz Nordamerika auszudehnen.

3 Pocahontas, Tochter eines Indianerhäuptlings, sichert durch ihre Heirat mit dem Siedler John Rolfe (1614) auf Jahre den Frieden zwischen ihrem Stamm und den ersten Siedlern.

4 *Custer's Last Stand* bezeichnet die Schlacht am Little Big Horn River in Montana, in der General Custer mit all seinen Soldaten 1876 durch Sioux Indianer unter Führung von Crazy Horse und Sitting Bull umkam.

5 *The Battle of Wounded Knee* (1890) ist die letzte große Schlacht der Weißen gegen die Indianer. Fast zweihundert Sioux Indianer, darunter Frauen und Kinder, kommen dabei ums Leben.

6 Paul Auster im Interview mit L. McCaffery und S. Gregory, in: Paul Auster: *The Art of Hunger. Essays, Prefaces, Interviews and The Red Notebook.* Penguin Books: New York 1993, S. 287 f.

7 Chard-Hutchinson, Martine: "Paul Auster (1947–)", in: Joel Shatzky and Michael Taub (eds.): *Contemporary Jewish-American Novelists: A Bio-Critical Sourcebook.* Greenwood Press: Westport 1997, S. 16

8 Weltwoche, 31. Dezember 1992

9 Barone, Dennis: *Beyond the Red Notebook*, S. 7

10 Reinhart, Werner: *Pikareske Romane der 80er Jahre: Ronald Reagan und die Renaissance des politischen Erzählens in den USA (Acker, Auster, Boyle, Irving, Kennedy, Pynchon). Narr: Tübingen 2001, S. 182*

11 Birkerts, Sven: “Postmodern Picaresque. Moon Palace by Paul Auster”. In: *The New Republic*, March 27, 1989, S. 39

12 Reinhart, Werner, S. 205

13 Auster, Paul: *The Art of Hunger*, S. 310

Notizen

Notizen

Notizen

Notizen

Ihre Meinung ist uns wichtig!

Ihre Anregungen sind uns immer willkommen.
Bitte informieren Sie uns mit diesem Schein über Ihre Verbesserungsvorschläge!

	Seite	Fehler, Vorschlag

Bitte hier abtrennen

Bitte hier abtrennen

Zutreffendes bitte ankreuzen! Die Absenderin/der Absender ist:

- ☐ Lehrer/in
- ☐ Fachbetreuer/in
  Fächer: ____________
- ☐ Seminarlehrer/in
  Fächer: ____________
- ☐ Regierungsfachberater/in
  Fächer: ____________
- ☐ Oberstufenbetreuer/in
- ☐ Schulleiter/in
- ☐ Leiter/in Lehrerbibliothek
- ☐ Leiter/in Schülerbibliothek
- ☐ Referendar/in, Termin 2. Staats-
  examen: ____________
- ☐ Sekretariat
- ☐ Schüler/in, Klasse: ____________
- ☐ Eltern
- ☐ Sonstiges: ____________

STARK Verlag
Postfach 1852
85318 Freising

Kennen Sie Ihre Kundennummer? Bitte hier eintragen.

Absender (Bitte in Druckbuchstaben!)

Name/Vorname

Straße/Nr.

PLZ/Ort

Telefon privat

Geburtsjahr

E-Mail

Schule/Schulstempel (Bitte immer angeben!)

Unterrichtsfächer: (Bei Lehrkräften!)

12-V1P

Bitte ausfüllen und im frankierten Umschlag an uns einsenden. Für Fensterkuverts geeignet.

(Bitte blättern Sie um)